일러두기

본문에 인용한 성경은 대한성서공회에서 펴낸 새번역판을 따랐다.

타자의 삶을 상상하는 능력

교회 옆 미술관

구미정

비아토르
viator

하나님은 예술가이시다. 그분의 창조를 떠올리면, 다른 수사가 무색하다. 사람도 그렇다. 사람이 "오다 살다 가다"라는 "세 개의 동사로 요약된 시"라면(함기석, "사람은", 《모든 꽃은 예언이다》 중에서) 사람이 오는 것도, 사는 것도, 가는 것도 다 예술이어야 한다. 기술에 중독된 시대에 우리를 구원하는 건 예술밖에 없다.

차례

3부 죽음을 넘어 사랑으로

폭력과 전쟁의 세상에 깃든 성스러움을 찾아

여는 말

2019년 7월, 나는 유럽의 도시들을 떠돌았다. 어느 교회에서 꽤 오랜 기간 '성경과 그림'을 강의한 인연으로 수강생들과 함께 16박 18일의 유럽 여행을 다녀올 수 있었다. 난생처음 밟는 땅이었다. 그 교회 소속도 아닌 떠돌이 목사에게 두 차례 설교 값치고는 꽤 후한 대접을 해 주었으니 나로서는 횡재나 다름없었다. 하지만 무조건 좋아하기에는 내 상황이 극도로 피폐했다. 사막화된 내면에 바늘이 빼곡해서 바람만 불어도 가슴이 쓰렸다.

누군가 함께 사진을 찍자고 하면 손사래를 치며 도망치기 바빴다. 흥겨운 분위기를 깨지 않으려고 안간힘을 썼으나 연기가 마음대로 되지 않았다. 힘겨운 전투를 치르고 몸속 깊숙이 총알이 박힌 채 간신히 살아남은 병사의 몰골이랄까. 사랑하는 이를 떠나보낸 상실의 아픔은 해를 넘기고도 사그라질 기미가 없었다. (그 여행길에서 행여 내가 뾰족한 말로 누군가에게 상처를 입혔다면 이 지면을 빌려 용서를 구한다. 그때는 제정신이 아니었어요, 너그러이 덮어 주시기를.)

그 여행의 목적인즉, 말하자면 '슬기로운 문화생활'이었으므로, 미술관이나 전시회, 공연 등을 찾아다니는 게 주된 내용이었다. 이탈리아의 베로나에 자리한 아레나 원형경기장에서 유럽을 대표하는 여름 음악 축제로 유명한 오페라 〈아이다〉를 직접 관람하기도 했다. 살면서 다시 오기 어려운 기회였음에도, 심지어 부지런한 여행 단장께서 일찌감치 표를 구한 덕에 로열석에 앉아 보는 호사를 누렸음에도, 나는 그다지 즐기지 못했다. 영혼이 가출한 상태였으니까.

삶의 이유가 필요해요, 제발 지상에 나를 붙잡아 맬 근거를 대 보세요, 하나님을 향한 중얼거림이 입 밖으로 튀어나오지 않은 게 천만다행이다. 아무나 붙잡고 그런 식으로 따졌다면 영락없이 미친 여자 꼬리표를 달았을 터이다. 민폐를 끼치지 않으려면 감정을 결박해야 했다. 텅 빈 눈으로 차창 밖을 응시하며 혼자 속을 끓였다. 그때의 표정이 어땠는지 도통 떠오르지 않는다. 그저 무표정이라는 말로는 부족했으리라 짐작할 뿐.

이탈리아에서 프랑스로 넘어가 마르세유에 머물렀다. 거기서 '막달라 마리아 등대'를 보았지만, 왜 그 등대에 하필이면 막달라 마리아의 이름이 붙었는지를 고심하기에는 마음의 용량이 턱없이 부족했다. (그래도 이 마르세유 기행이 나중에 《성경 속 세상을 바꾼 여인들》의 개정판 《교회 밖 인문학 수업: 새로운 해석으로 다시 읽는 성경 속 허스토리》(옥당)를 펴내면서 '막달라 마리아' 이야기를 보태게 된 동기가 되었다.)

우리를 태운 여행 버스가 마르세유를 떠나 한적한 시골길을 달릴 때였다. 버스 맨 뒷자리에 앉아 귀에 이어폰을 꽂은 채 꾸벅꾸벅 졸던 나는 갑작스러운 함성에 놀라 눈을 떴다. 버스 안 사람들이 일제히 길가 쪽 창문에 코를 박고 연신 카메라 버튼을 누르고 있었다. "와!" 하는 탄성이 여기저기서 터져 나왔다. 해바라기밭이었다. 시작도 끝도 알 수 없을 만큼 길게 늘어선 노란색 물결이 강물처럼 넘실거렸다.

순간, 빈센트 반 고흐의 얼굴이 스쳤다. 그의 영혼이 손에 잡힐 듯 가깝게 느껴졌다. 이걸 눈에 담으려고 아를로 내려갔구나. 들판을 온통 노랗게 물들인 해바라기는 그 자체가 초현실 작품이었다. 문득, 알 수 없는 감정이 몽글거리기 시작했다. 내 안의 억눌린 무언가가 풀리는 느낌이었다. 주책없이 눈물이 흘러내렸다.

내 눈이 빛을 찾은 건 아를에서였다. 그곳의 모든 풍경이 마냥 살가웠다. 아마도 조용필의 노래 〈킬리만자로의 표범〉에 나오는 가사처럼 "나보다 더 불행하게 살다 간 고흐란 사나이"가 거기서 잠시 지친

영혼을 내려놓았기 때문일 것이다. 할 수만 있다면 그가 어슬렁거리던 거리를 한없이 따라 걷고 싶었다. 그가 자주 가서 목을 축이던 카페 '드 라 가르de la Gare'에 종일 죽치고 앉아, 하다못해 냅킨에라도 무엇이든 끄적이고 싶었다. 고흐가 그린 〈밤의 카페〉에 실제로 앉아 있다는 사실만으로 이상하게 생기가 돌았다. 지친 영혼을 위로하고 싶다던 그의 바람은 헛말이 아니었다.

아를 이후의 나는 이전의 나와 확연히 달랐다. 일행들은 눈치챘을까. 내가 잘 웃기 시작했다는 것을. 눈빛에 온기가 돌고 말수가 늘어났다는 것을. 《상처 입은 치유자》로 유명한 헨리 나우웬은 《탕자의 귀향》에서 렘브란트가 그린 〈탕자의 귀향〉이 자신의 삶을 어떻게 바꾸었는지 고백한다. 그뿐이 아니다. 《나이 든다는 것》(최종훈 옮김, 포이에마, 2014)에서는 오스트리아 태생의 화가이자 극작가인 오스카 코코슈카의 경험담을 소개한다. 다소 길지만, 찬찬히 곱씹을 만하다.

> 1차 세계대전이 한창일 무렵, 난 영국에 머물고 있었다. 돈이라곤 씨가 말라서 비참한 생활을 할 수밖에 없었다. 한결 젊고 씩씩했던 아내는 말했다. "우리 미술관에라도 가서 한숨 돌리고 와요." 온 세상이 파괴로 가득했다. 런던에만 폭탄이 떨어지는 게 아니었다. 날이면 날마다 어느 도시가 박살 났다는 소식이 들려왔다. 초토화, 폐허, 궤멸. 세상은 갈수록 가엾고 서글퍼졌다. 가혹한 일이었다.
>
> 렘브란트의 마지막 자화상이 눈에 들어왔다. 몹시 흉물스럽고 노쇠한 모습이었으며 한없이 처참하고 절망적이었지만 더없이 근사했

다. 거울에 비친 한 인간의 스러져 가는 자아를 바라보며 (자신이 아무 것도 아님을 직시하고) 자신을 '무無' 또는 인간 본연의 공허함을 보여 주는 대상으로 그려 낸 작가의 의도가 한눈에 들어왔다. 이렇게 경이로울 수가! 이 얼마나 놀라운 형상인가! 나는 그림에서 용기와 새로운 젊음을 찾았다. 나도 모르게 "성聖 렘브란트!"란 말이 터져 나왔다. 진심으로 고백하건대, 이만큼 사는 건 오로지 그런 예술가들 덕분이다.(출처: 110쪽; 원문은 Horst Gerson, *Rembrandt Paintings*, New York: Reynal and Company, 1968: 478쪽.)

나는 예술의 힘을 믿는다. 종교와 예술 가운데 어느 쪽이 더 세상을 이롭게 하냐고 묻는다면 단연코 후자라고 답하겠다. 종교의 이름으로 자행된 수많은 폭력과 전쟁의 역사를 우리는 똑똑히 기억한다. 지금도 지구상 곳곳에서 종교는 신의 뜻이라느니 거룩한 전쟁이라느니 애먼 소리로 순진한 사람들을 꼬드겨 삿된 이득을 취하는 데 몰두하는 경우가 많다. 그런 종교의 분탕질을 예술은 꿋꿋이 고발한다. 독일의 노벨문학상 작가 귄터 그라스의 《양철북》을 펼쳐 보라. 시대의 양심이어야 할 교회가 히틀러의 앞잡이로 전락했을 때조차 오스카의 양철북은 자기 소리를 잊지 않는다. 군국주의의 북소리를 해체하는 다른 리듬으로 새로운 세상의 가능성을 열어젖힌다. 예술의 고유한 능력이다.

유럽 여행에서 고흐, 피카소, 마티스, 샤갈, 달리, 클림트 등 여러 화가를 만나고 돌아오자 한동안 '집 나갔던' 글쓰기의 욕망이 되돌아왔다. 방구석에 틀어박혀 새벽부터 밤까지 꼬박 글을 썼다. 그렇게 나온 책이 《그림으로 신학하기》(서로북스, 2021)다. 열두 가지 신학적 주제를 그림과 곁들여 풀어냈다. 그림을 도구 삼아 신학 놀이를 펼쳤다고나 할까.

《그림으로 신학하기》가 분에 넘치는 사랑을 받고 있을 때 월간 〈새가정〉에서 연재 요청이 왔다. 1953년 12월 창간된 〈새가정〉은 '생명을 살리고 평화를 전하는 기독교 여성의 신앙 전문지'로 정평이 나 있다. 다양한 교단을 아울러 폭넓은 독자층을 가진 〈새가정〉에 매달 글을 싣자니 이만한 메뉴가 없었다. 당장에 "교회 옆 미술관"을 차렸다. 넓게는 한국 교회에, 좁게는 기독교 여성의 삶에 풍성한 예술 식탁을 차려 내고 싶었다.

개신교는 의외로 미학적 소양이 부족하다. 이른바 종교개혁이 교회에서 성상을 몰아내고, 성경을 통해 하나님과 직접 만나는 길을 선호한 까닭이다. 문자 중심의 신앙생활은 어쩔 수 없이 머리만 키운다. 가슴으로 이웃과 공감하고 타자의 삶을 상상하는 능력이 현저히 떨어질 수밖에 없다. 개신교의 배타성과 호전성은 이런 불균형에서 비롯될지도 모른다고 나는 짐작한다. 로고스(이성/논리) 중심의 삶이 파토스(감성/예술)로 보완되지 않으면 에토스(영성/윤리)가 길을 잃는다는 게 내 생각이다.

이 책이 신앙의 균형 감각을 키우는 데 도움이 되면 좋겠다. 말은 그렇게 하면서 왜 '여성'만 다루었냐고 야단칠 독자가 있을까 봐 미리 소심한 변명을 적는다. 차례에 여성의 이름만 등장한다고 해서

반 고흐, 〈밤의 카페 테라스〉(1888), 캔버스에 유화, 81×65.5cm, 크뢸러 뮐러 미술관, 네덜란드

여성의 이야기만 나오지는 않는다. 그럴 수도 없다. 여성의 이야기가 곧 남성의 이야기이기 때문이다. 아브라함이 없이는 사라도 하갈도 있을 수 없다. 인간은 홀로존재가 아니다. 무수한 사이를 오가며 사건을 일으키고 역사를 전개한다. 그러니 오해하지 마시라. 이 책의 저자는 남성을 배제하지 않는다, 오히려 사랑한다, 몹시.

다만 여성의 처지에 공감하는 글쓰기를 지향하고 있다는 건 변명의 여지가 없다. 한국 교회 안에서 여성 신학자, 여성 목회자의 영토는 무척 협소하다. 교회 구성원의 다수가 여성인 현실에 비추면 이것이야말로 불균형, 나아가 부정의다. 그렇기에 '여성에 의한, 여성을 위한, 여성의' 글쓰기가 더 많아져야 한다고 나는 믿는다.

연재는 언제나 마감의 공포를 동반하지만, 그래도 벅찬 희열이 있다. 독자들의 꾸준한 성원 덕분이다. 하여 모든 글은 공저일 수밖에 없다고 새삼 확인한다. 손뼉도 마주쳐야 소리가 나듯이, 내 글을 사랑하고 지지하며 기다려 준 곁님들이 없다면 글을 낳을 생각조차 하지 못했을 것이다. 곁님들의 우정과 환대에 감사드린다. 무엇보다 지난 2년간 소중한 지면을 통해 소통의 장을 배려해 준 〈새가정〉 식구들께 고마운 마음을 전한다. 《두 글자로 신학하기》(포이에마, 2013) 이후 다시 손을 잡게 된 비아토르 출판사의 김도완 대표는 이제 길벗이나 다름없다. 이 책이 시름거리가 되지 않기를 바란다.

책을 내면서 연재 순서를 흩트려 주제별로 다시 묶었다. 연재 때 미처 다루지 않은 두 명의 인물도 더 보탰다. 사르밧 과부와 술람미 여인이 그들이다. 이렇게 스물네 명을 선별해 놓고 보니 빼먹은 인물들에게 미안하다. 중요하지 않아서가 아니라 지면의 제약과 글쓴이의 취향 탓이다. 만약 "교회 옆 미술관 2"를 쓰게 된다면 꼭 눈길을 주기로 다짐해 본다.

내가 몸담은 교회가 산을 등지고 물을 바라보는 완벽한 지리 조건을 갖춘 덕에 사택에서 사는 재미가 쏠쏠하다. 나를 이은교회로 인도하신 하나님께, 그리고 이토록 어리바리한 목사를 변함없이 응원해 주시는 교우들께 감사드린다. 교회 안 귀퉁이에 '화성으로 간 책방'을 차렸다. 책방이 생기니 또 하나의 신비가 열린다. 이 모든 은혜 속에 남은 인생의 동반자가 계신다. 그가 나무에서 배운 지혜는 내가 책에서 배운 지혜를 훨씬 뛰어넘는다. 고마운 스승에게 이 책을 바친다.

1부

불의에 맞서다

1. 누구의 도구도 아닌 삶

하갈

이집트 여왕 클레오파트라(정확한 호칭은 클레오파트라 7세)를 아시는지? 내 기억으로는 1963년에 나온 영화 〈클레오파트라〉가 그녀를 우리 시대로 소환한 대표작이 아닐까 싶다. '세기의 미녀' 엘리자베스 테일러가 주연을 맡았다. 그때까지만 해도 백인 여자가 클레오파트라를 연기하는 데 아무런 의혹이 없었다. 그랬는데 2023년 봄 넷플릭스 다큐멘터리 〈퀸 클레오파트라〉에서 아델 제임스Adele James가 주연을 맡으며 한차례 소동이 일었다. 아델이 흑인이기 때문이다. 이집트 여인인 클레오파트라의 피부색은 과연 어느 쪽일까?

이집트 정부가 직접 해명하고 나섰다. 클레오파트라를 소재로 한 조각품이나 동상이 모두 유럽계 특성을 보여 준다며, 클레오파트라의 피부색은 밝은 쪽이었다고 적시했다. 아울러 이는 인종주의에 기반한 의견이 아니라고도 선을 그었다. 프톨레마이오스Ptolemaeos 왕국 자체가 알렉산드로스 대왕의 사망과 더불어 건국된 헬레니즘 왕국이었던 만큼, 프톨레마이오스 왕조의 마지막 통치자였던 클레오파트라는 그리스계 혈통이라고 설명했다. 이로써 흑인 배우를 기용한 넷플릭스 다큐멘터리는 역사 왜곡이라는 비판을 피하지 못했다.

렘브란트(1606-1669)가 그린 〈하갈과 이스마엘을 쫓아내는 아브라함〉을 보자(그림 1). 영리하게도 렘브란트는 '이집트 여종' 하갈과 그녀가 낳은 아들 이스마엘의 얼굴을 숨겼다. 하갈은 지금 옷소매로 얼굴을 가리고 하염없이 흐르는 눈물을 닦는 중이다. 그런 하갈을 사라가 창문 틈으로 내다본다. 사라의 얼굴에는 '고소하다'는 표정이 역력하다. 이삭은 문과 벽 사이에 찰싹 붙어서 보일락 말락 몸을 숨기고 있고, 이스마엘은 영문도 모른 채 길 떠날 채비를 한다. 가운데 서 있는 아브라함의 입장이 난감해 보인다. 얼굴은 하갈 쪽을 향해 있는데, 다리 하나가 계단에 걸쳐져 있다. 마음이 사라 쪽에 있다는 뜻일까?

그림 1. 렘브란트, 〈하갈과 이스마엘을 쫓아내는 아브라함〉(1637), 12.7×9.8cm, 에칭화, 메트로폴리탄미술관, 뉴욕, 미국.

아드리안 반 데르 베르프Adriaen Van der Werff(1659-1722)가 그린 〈아브라함에게 하갈을 내어주는 사라〉를 보면, 하갈의 피부색은 완전 백인이다(그림 2). 세 인물 가운데 옷을 제대로 갖춰 입은 이는 사라밖에 없다. 상반신을 탈의한 아브라함은 구릿빛 복근이 확연한 청년의 신체를 자랑한다. 자신의 여종과 동침하라는 사라의 요구에 한 손으로는 거절 의사를 밝히는 듯 보이지만, 다른 손은 벌써 하갈의 어깨 위에 올라가 있다. 현실 세계에서라면 '젊고 아름답고 육감적이며 생식 능력이 있는' 하갈이 '늙고 추하고 볼품없고 생식 능력이 없는' 사라보다 우세한 권력을 뽐낼 것이다. 하지만 성서 세계는 고대 가부장적 노예제를 배경으로 한다. 주인 남녀의 '은밀한 거래'에 거부권을 행사할 권리가 여종에게는 없다. 그림 속 하갈이 아브라함과 사라보다 낮은 자리에서 고개를 숙이고 있는 이유다.

그림 2. 아드리안 반 데르 베르프, 〈아브라함에게 하갈을 내어주는 사라〉(1699), 76.3×61cm, 캔버스에 유화, 슐라이스하임미술관, 뮌헨, 독일.

그림 3. 마티아스 스토메르, 〈하갈을 아브라함에게 인도하는 사라〉(1637-1639), 113×169cm, 캔버스에 유화, 베를린국립미술관, 베를린, 독일.

마티아스 스토메르Matthias Stomer(1600-1652)도 같은 제목의 그림을 그렸다(그림 3). 아브라함의 신체를 과장하지 않고 '나이에 걸맞게' 그린 게 눈길을 끈다. 여기서도 하갈은 영락없이 유럽계 백인 소녀로 표현돼 있다. 사라가 하갈의 손을 잡아끌어 아브라함에게로 인도한다. 노년기에 달한 아브라함과 사라의 얼굴에서는 체념한 듯한 감정이 역력하고, 주름살 하나 없는 하갈의 얼굴에는 슬픔과 두려움이 가득하다. (성서 맥락상 이 대목에서 아브라함은 '아브람', 사라는 '사래'로 불려야 맞다. 하지만 이 글에서는 화가들의 그림 제목을 그대로 따와 구분 없이 표기한다.)

흥미로운 사실은, 무슨 공식이라도 따르는 것처럼, 두 화가가 하갈의 몸에 붉은 천을, 사라의 옷에 녹색 천을 사용했다는 점이다. 이 시기 유럽 화단에서 녹색이 악의 상징으로 활용된 걸 염두에 두면, 은연중에 화가는 사라의 '죄'를 묻고 있는지 모른다. 하나님의 약속을 불신한 죄, 자신의 권력을 유지하기 위해 약자를 도구화한 죄 말이다. 한편 붉은색은 원초적인 욕망을 상징한다. 영어로 색깔을 뜻하는 '컬러color'라는 말 자체가 빨강을 가리키는 '콜로라도colorado'에서 유래했다니, 빨강은 인류가 최초로 인식한 색이겠다. 그만큼 강렬해서 권력을 암시하기도 하고 희생을 나타내기도 한다. 화가들이 그리스도의 색으로 사랑한 건 그 때문이다. 이처럼 복합적인 빨간색을 하갈에게 할애한 이유가 무엇일까? 비록 '씨받이'로 이용당했을지라도 그녀의 행위는 하나님의 구속사의 일부임을 드러내기 위한 전략이 아닐까?

성서는 인간의 한계와 실수를 가감 없이 보여 준다. 우유부단한 아브라함은 실수를 연발했고, 불안한 사라는 하지 말았어야 할 짓을 저질렀다. 하갈이라고 무조건 수동적이었던 것만도 아니다. 임신한 하갈은 "자기의 여주인을 깔보았다"(창 16:4). 성경은 사라가 하갈을 '학대'했다고 보도한다. 하갈이 사라를 피해 도망친 건 자식을 보호하기 위한 모성의 발로였을 것이다. 사막 한복판에서 하갈은 하나님의 사자를 만난다. 천사는 "너에게 많은 자손을 주겠다. 자손이 셀 수도 없을 만큼 불어나게 하겠다"(창 16:10)는 하나님의 약속을 전하며, 배 속 아이에게 친히 이름을 지어 준다. 하갈은 천사의 지시대로 사라에게 돌아가 아들을 낳는다. 사라는 하갈에게서 어미의 지위를 빼앗고, 이스마엘을 자기 아들인 양 둔갑시켰다.

그러나 하나님의 뜻은 그게 아니었다. 이스마엘은 하갈의 아들이어야 했다. 하나님은 사라의 태를 열어 주셨다. 드디어 자기 아들을 낳은 사라는 이제 하갈과 이스마엘을 거느릴 이유가 사라졌다. 이들 모자는 아브라함의 집에서 추방당한다. 정처 없이 사막을 헤매던 하갈은 마실 물이 바닥나자 죽음의 공포에 사로잡힌다. 아이가 죽어가는 꼴을 차마 볼 수 없어 주저앉아 우는데, 그 울음소리를 하나님이 들으셨다. 하나님은 "내가 저 아이에게서 큰 민족이 나오게 하겠다"(창 21:18)며, 아브라함에게 한 것과 똑같은 약속을 하갈에게 해 주셨다.

영국 화가 프레더릭 구달Frederick Goodall(1822-1904)이 〈하갈과 이스마엘〉을 그렸다(그림 4). 하갈이 어린 이스마엘과 함께 척박한 땅 위를 맨발로 걷는다. 살짝 내리깐 눈에서 더는 아브라함의 집으로

그림 4. 프레더릭 구달, 〈하갈과 이스마엘〉(1866), 137×244cm, 캔버스에 유화, 개인 소장.

돌아가지 않겠다는 결기가 느껴진다. 한 손으로 주먹을 꼭 쥐고 있는 게 이 해석에 무게감을 더한다. 아들은 아직 어리고, 자기를 지켜 줄 남자는 어디에도 없지만, 괜찮다며 마음을 다잡아 본다. 그녀는 이제 더 이상 아무개의 노예가 아니다. 자기 삶의 주체로 하나님과 함께 살아갈 것이다. 어머니를 쏙 빼닮은 아들도 마찬가지다. 아직은 어머니의 손을 잡고 어리광을 부릴 나이일 텐데, 대견하게도 빵이 든 가죽 가방을 한 손에 들고 호기심 어린 눈으로 주변을 살피며 성큼성큼 나아간다. 하갈의 초록 드레스는 어찌 보면 파랗게도 보인다. 성모의 색이다.

2. 신앙과 권력 사이에서 '생각'하라

십브라와 부아

그는 공무원이었다. 자기에게 주어진 업무를 근면 성실하게 수행하는 게 가장 큰 미덕이라 여겼다. 위에서 시키는 대로 고분고분 일하면 그만이지, 괜히 나서서 책 잡힐 일을 만들면 안 된다는 '보신주의'가 체질화됐다. 최고 명령권자의 눈에 들어 출세하고 싶은 욕심도 있었다. 그래서 '생각하지 않고' 일했다. 자기가 하는 일이 옳은지 그른지 생각할 이유가 없었다. 윗분이 결정한 일에 감히 토 달지 말고 묵묵히 따르되, 남보다 좋은 성과를 내어 윗분의 마음을 흡족하게 해드리는 것, 그의 머릿속에는 온통 그 일념뿐이었다.

한나 아렌트(1906-1975)가 쓴 《예루살렘의 아이히만Eichmann in Jerusalem》에 나오는 이야기다. 유대인 철학자 아렌트는 아르헨티나에 도망가 살던 나치 전범 아돌프 아이히만(1906-1962)이 이스라엘 비밀경찰 조직에 붙잡혀 예루살렘에서 재판을 받게 됐다는 소식을 들었다. 600만 명의 유대인을 학살한 나치 전범의 얼굴은 도대체 어떻게 생겨 먹었을까? 현장으로 날아가 재판 과정을 취재하던 그녀는 충격적인 사실을 발견한다. 아이히만이 너무나도 평범한 이웃집 아저씨처럼 생긴 것이었다. 그는 어쩌다 '괴물'이 되었을까?

법정에서 아이히만은 모르쇠로 일관했다. 자기가 스스로 한 일은 아무것도 없다고, 크건 작건 자기가 한 모든 일은 전부 윗선의 지시에 따른 거라고, 죄가 있다면 명령을 내린 히틀러에게 있지, 자기는 아무런 권한도 없는 '배달부'에 불과하다고 발뺌했다. 하지만 법정의 판단은 준엄했다. '잘못된 명령에 마지못해 따른 행위도 잘못'이라고 일갈했다. 아이히만은 마침내 사형을 당했다. 아렌트는 그가 '생각하지 않은 것'이 죄라고 고발했다.

여기, 통치자의 명령에 고분고분 순종하지 않은 당돌한 여자들이 있다. 출애굽기 1장에 등장하는 십브라와 부아다. 이들의 출신 성분은 히브리 노예. 직업은 산파. 이집트 제국을 다스리는 파라오가 그들에게 명령을 내렸다. "너희는 히브리 여인이 아이 낳는 것을

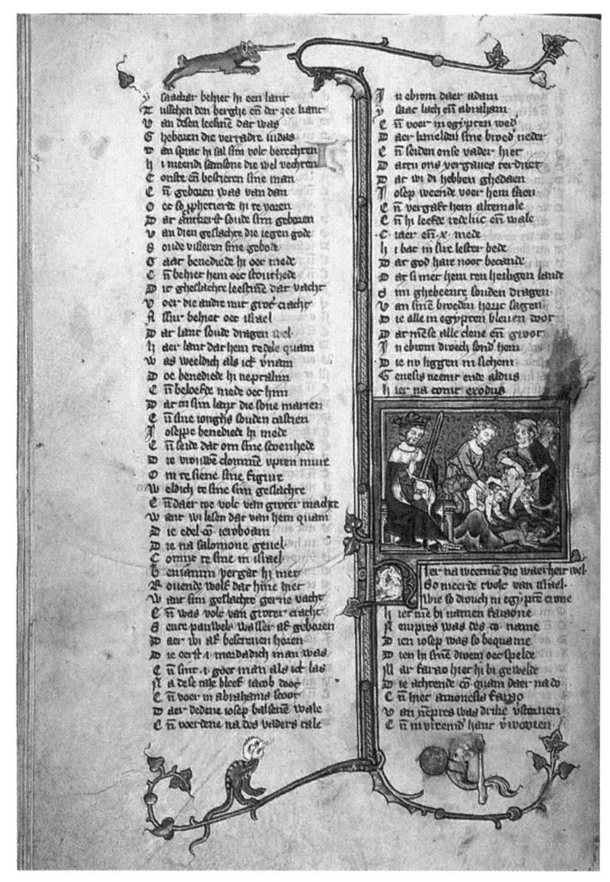

그림 1. 미키엘 반 데어 보르흐, 〈파라오가 이스라엘의 모든 남자 아기들을 강물에 던져 버리라고 명령하다〉(1332), 네덜란드 국립도서관 소장.

그림 2. 〈바로와 산파들〉(14세기), 탈무드 전례서(The Golden Haggadah).

도와줄 때에 잘 살펴서, 낳은 아기가 아들이거든 죽이고, 딸이거든 살려 두어라"(출 1:16, 그림 1). 한때 이 땅에 유행했던 '남아 선호' 사상과 정반대되는 명령이다. 아들은 죽이고 딸은 살리란다. 이대로만 된다면 인종 말살은 정해진 순서다. 나아가 민족 정체성까지 흩어 버릴 수 있다.

이 불온한 정치 술수에 그들은 넘어가지 않는다. 담대하게 저항한다. "그러나 산파들은 … 이집트 왕이 그들에게 명령한 대로 하지 않고, 남자아이들을 살려 두었다"(출 1:17, 그림 2). 어떻게 그럴 수 있나? 왜 이런 위험을 감수하는가? 말줄임표 안에 들어가는 문장이 단서다. "하나님을 두려워하였으므로."

궁중 사극을 보면 가끔 이런 대사가 나온다. "네 이놈! 하늘이 두렵지도 않으냐?" 주로 힘없는 사람이 힘센 사람의 권모술수에 휘말려 억울한 누명을 쓰고 스러져 갈 때 등장하는 대사다. 여기 등장하는 하늘이 저 푸르른 창공을 의미할 리 없다. 창공 너머의 하늘, 그러니까 창공마저도 그 뜻에 순복하지 않으면 안 되는 지극히 높으신 분이 거하시는 자리, 그게 하늘이다. 힘없는 사람은 이 하늘이야말로 마지막 기댈 언덕이다. 이 세상 어떤 자리도 자기들을 지켜 주지 못할 때, 이 세상 어떤 권위에도 호소할 수 없을 때 하늘을 소환한다. 그러나 힘센 사람은 굳이 하늘이 필요치 않다. 하늘이 없어도 잘만 산다. 아니 하늘이 없어야 더 잘 산다.

파라오가 딱 그 짝이다. 이 세상에 겁날 게 없다. 내 뜻이 곧 신의 뜻인데, 누가 감히 어긴단 말인가? 내 명령을 어기는 건 신의 명령을 어기는 거다. 내가 신의 자리에 있으므로, 죽이고 살릴 권한도 내 손에 있다. 이렇게 큰소리치는 파라오 앞에 강적이 나타났다. 다른 나라의 힘센 왕이 아니다. 군인이나 정치가도 아니다. 일개 여자들이, 그것도 노예 출신의 늙은 산파들이 말을 안 듣는다.

당장 죽여도 시원찮을 판에, 파라오가 굳이 그들을 불러들인 건 호기심 때문이었을지 모른다. 도대체 어떻게 생겨 먹은 여자들이기에 왕명을 거역한단 말인가? 하도 기가 막혀서 '낯짝'이나 보자는 마음에 궁으로 불렀을 것이다. 파라오가 심문한다. "어찌하여 일을 이렇게 하였느냐? 어찌하여 남자아이들을 살려 두었느냐?"(출 1:18)

이 대목에서 나의 성경 읽기는 잠시 숨 고르기에 들어간다.

그림 3. 오귀스트 로댕, 〈생각하는 사람〉 (1880), 로댕미술관, 파리, 프랑스.

그림 4. 〈금동미륵보살반가사유상〉, 삼국 시대 국보, 국립중앙박물관 소장.

나처럼 간이 콩알만 한 사람은 파라오가 주재하는 법정의 공기에 압도당해 지레 입이 얼어붙겠다. 그런데 산파들은 청산유수다.

> 산파들이 바로에게 대답하였다. "히브리 여인들은 이집트 여인들과 같지 않습니다. 그들은 기운이 좋아서, 산파가 그들에게 이르기도 전에 아기를 낳아 버립니다"(출 1:19).

이 의뭉스러운 너스레에 법정에 있던 이집트 관료 중 한두 사람은 아마도 웃음을 참지 못하고 키득거렸으리라. 졸지에 파라오가 무서운 존재는커녕 우스운 존재로 전락해 버렸다.

'하나님을 두려워하는 마음'은 신자라면 누구에게나 있다. 문제는 이 마음을 갖고서도 세상 권력에 굴복한다는 거다. 큰 고민 없이, 당연하다는 듯이. 신앙과 권력은 양립할 수 없는데도 버젓이 두 주인을 섬긴다. 하나님을 두려워한다면서 정치권력 앞에 머리를 조아린다. 도무지 '생각'이라는 걸 하지 않는다. 아무런 죄책감 없이 '생각하지 않는 죄'를 범한다.

프랑스 조각가 오귀스트 로댕(1840-1917)의 〈생각하는 사람〉(그림 3)을 본다. 인간은 다른 어떤 특징보다도 '생각하는 동물'이라는 점에서 차별화를 이룬다고 강력히 증언하는 작품이다. 로댕의 조각으로 되살아난 이 사람은 단테 알리기에리(1265-1321). 유명한 《신곡》을 쓴 시인이다. 로댕은 《신곡》의 지옥, 연옥, 천국 중 '지옥'에 꽂혔다. 지옥의 풍경을 재현한 문 위에 단테를 앉혔다. 단테는 지금 무슨 생각을 하고 있을까? 아니 단테를 통해 로댕은 우리에게 무슨 생각을 하도록 초대하는 걸까?

몇 해 전 비티에스BTS의 리더 알엠RM이 〈반가사유상〉(그림 4)을 보러 국립중앙박물관에 마련된 '사유의 방'을 다녀갔다는 소식에 전 세계가 들썩인 일이 있었다. 알엠을 따라, 마치 성지순례하듯 많은 팬이 그 방을 다녀갔다. '사유의 방'을 소개하는 영문 글귀가 예사롭지 않다. "깊은 생각에 잠겨 그대 자신을 잃어버리는 시간." 아하, 기도가 바로 이것이구나. 내 뜻대로 마옵시고 당신 뜻대로 하옵소서.

3. 리더십이란 이런 것

드보라

사람들이 모인 집단에는 반드시 조직을 이끌어 가는 중심인물이 있기 마련이다. 그런 인물을 '리더'라 부른다. 하지만 우리는 리더와 보스를 혼동하는 경향이 있다. 조금 진부하지만, 둘의 차이를 되짚어 보자. 리더는 사람을 키우고, 보스는 조직을 키운다. 리더는 대화하고, 보스는 명령한다. 리더는 희망을 주고, 보스는 공포를 준다. 리더는 팀워크에 기대고, 보스는 권력에 기댄다. 리더는 팀원들의 마음을 살피고, 보스는 자기가 받을 대우를 살핀다. 리더는 '우리'가 했다고 말하고, 보스는 '내가' 했다고 말한다.

여기저기서 리더십 훈련이 호황이다. 하지만 그런 프로그램들이 정말 리더십을 가르치는지, 아니면 짝퉁 리더십, 그러니까 보스십을 설파하는지는 따져 볼 일이다. 리더가 저런 거라면, 보스와 완전히 다른 개념이라면, 리더십이라는 게 과연 가르친다고 습득될 성질인가 싶은 근원적인 회의마저 든다. 먼저 사람이 되어야 하지 않을까?

이집트 제국을 탈출한 히브리 노예들이 가나안에 정착했다. 이들은 이집트 파라오의 만행에 일찌감치 넌더리가 나 있었으므로, 가나안에서 똑같은 정치체제를 경험하고 싶지 않았다. 그래서 나온 대안이 사사 제도다. 사사는 내부에서 송사가 벌어졌을 때 판결을 내리거나 외부에서 전쟁이 일어났을 때 군사들을 이끌고 나가서 싸우는 게 주요 업무다. 상시 지도자로 군림하는 게 아니라 문제가 발생했을 때 해결사 노릇을 하고는 다시 일상으로 복귀한다. 왕권과는 완전히 다른 섬김의 직책이다.

걸출한 사사들 틈에서 드보라가 돋보인다. 유일한 여성 사사여서가 아니다. 그녀가 보여 준 지도력이야말로 리더십의 모범 답안처럼 보이는 까닭이다. 가나안 왕 야빈이 철 병거 900대를 앞세워 20년 동안이나 이스라엘 자손을 괴롭히고 있었다. 무기라고는 칼과 몽둥이밖에 없는 이스라엘이 군사력에서 한참 밀리는 처지였다. 소를 모는 막대기 하나로 600명의 적군을 물리친 삼갈 같은 사사가 절실했다

그림 1. 귀스타브 도레, 〈드보라〉(1865).

(삿 3:31). 이러한 때에 드보라가 사사로 부름받았다.

폴 귀스타브 도레Paul Gustave Doré(1832-1883)가 〈드보라〉(그림 1)를 그렸다. 가운데에서 오른손을 번쩍 들고 하나님의 말씀을 전하는 이가 드보라다. 손가락이 하늘을 가리킨다. 자신의 권위가 어디서 비롯되었는지 말하는 듯하다. 능력과 재주가 많으면 굳이 하늘에 호소할 이유가 없다. 자기 힘으로 해결하면 그뿐이다. 하지만 스스로 무력하다고 여기면 이야기가 달라진다. 도움을 청하는 걸 부끄러워하지 않는다.

드보라는 바락 장군에게 협조를 구한다. 야빈왕의 군대 지휘관 시스라와 그의 철 병거를 물리쳐 달라고 요청한다. 바락의 대답이 애매하다. "그대가 나와 함께 가면 나도 가겠지만, 그대가 나와 함께 가지 않으면 나도 가지 않겠소"(삿 4:8). 군인들을 지휘하는 장군치고는 어쩐지 약한 소리다. 상남자라면 "무조건 나만 믿으시오"라고 큰소리를 탕탕 칠 것 같은데, 그러지 않는다. 그만큼 드보라를 신뢰한다는 뜻이다.

드보라의 대답은 더 해괴하다. "내가 반드시 장군님과 함께 가겠습니다. 그러나 주님께서 시스라를 한 여자의 손에 내주실 것이니,

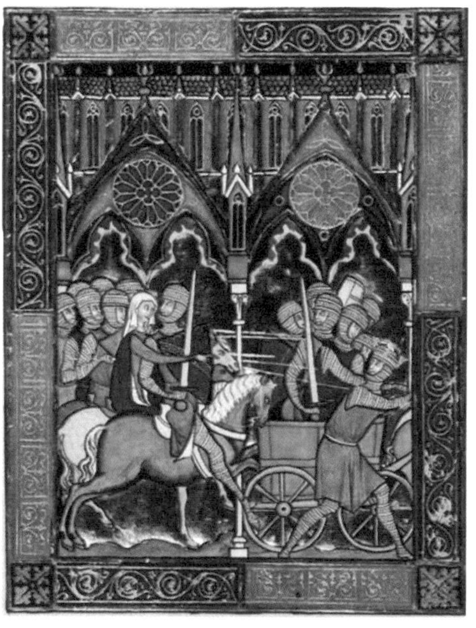

그림 2. 13세기 〈성 루이스의 시편〉(Psalter of St. Louis)에 나오는 '드보라와 바락' 세밀화.

그림 3. 살로몬 드 브레이, 〈야엘, 드보라, 바락〉(1635), 72×87cm, 캔버스에 유화, 카타리네콘밴트 박물관, 위트레흐트, 네덜란드.

장군께서는 이번에 가는 길에서는 영광을 얻지 못할 것입니다"(삿 4:9). 빈말이라도 "모든 영광은 장군께 돌아갈 것입니다" 그래야 기운차게 나가지 않겠나? 재주는 곰이 부리고 돈은 아무개가 번다더니, 뜬금없이 이 대목에서 웬 여자란 말인가? 그래도 바락은 전쟁터로 향한다(그림 2). 하나님의 뜻을 올곧게 전하는 드보라나 잔머리 굴리지 않고 묵묵히 따르는 바락이나 '리더십이란 이런 것'임을 여실히 보여준다.

드디어 전쟁이다. 바락이 이끄는 병사들이 시스라의 군대를 무섭게 몰아쳤다. "주님께서 시스라와 그가 거느린 모든 철 병거와 온 군대를 바락 앞에서 칼날에 패하게 하시니, 시스라가 병거에서 내려서 뛰어 도망쳤다"(삿 4:15). 이 전쟁은 바락의 전쟁이 아니라 하나님의 전쟁이다. 바락은 그저 하나님의 도구로 잠시 은혜를 입었을 뿐이다. 만약에 바락 장군이 시스라의 목까지 얻었다면 어찌 되었을까?

그림 4. 아르테미시아 젠틸레스키, 〈야엘과 시스라〉(1620), 125×86cm, 캔버스에 유화, 부다페스트 미술관, 부다페스트, 헝가리.

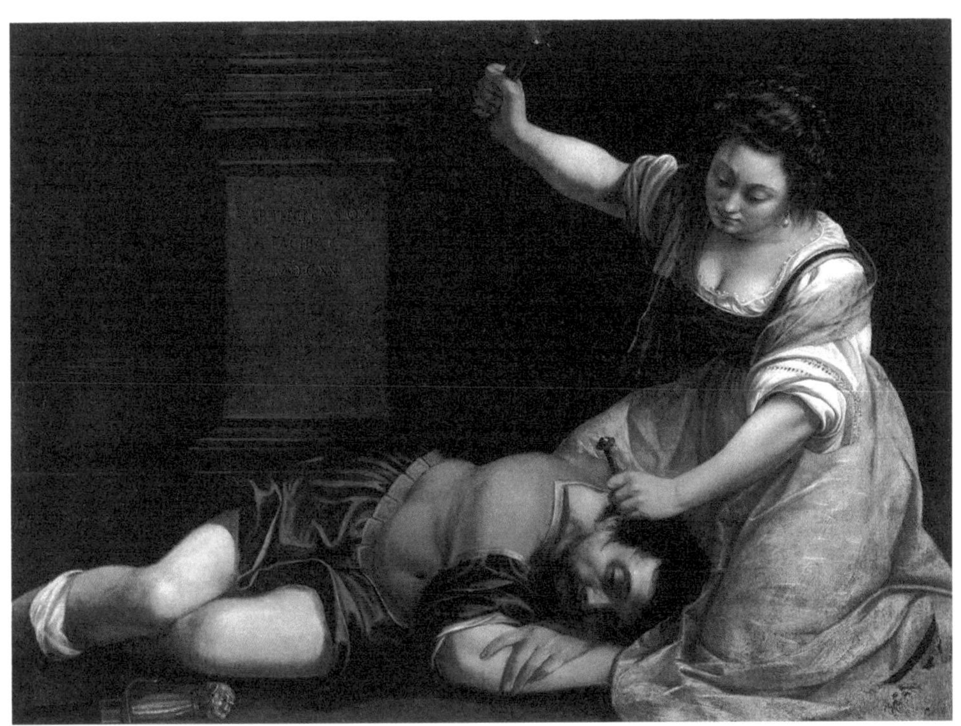

기세등등해진 나머지 드보라를 얕보았을지도 모른다. 그러면 공동체 전체가 미혹된다. 홀로 영광을 누린다는 것, 공을 독차지한다는 것이 마냥 좋은 일만은 아니다.

이제 문제의 '한 여자'가 등장할 차례다. 간신히 목숨을 부지한 시스라가 어디로 도망쳤겠나? 당연히 자기를 숨겨 줄 만한 집이다. 시스라는 "겐 사람 헤벨의 아내 야엘의 장막"(삿 4:17)으로 숨어들었다. 겐 족속은 모세의 처가 식구인 호밥의 자손으로, 미디안 출신이라는 태생적 한계로 인해 이스라엘 자손들 틈에서 겉돌았다. 특히 헤벨의 가문은 가나안 야빈왕과 서로 가깝게 지내는 사이였다(삿 4:17 참고). 하지만 시스라의 계산은 보기 좋게 빗나가고 만다. 믿거니 하고 잠든 사이에 야엘이 시스라를 처단한다.

네덜란드 황금시대의 화가 살로몬 드 브레이Salomon de Bray(1597-1664)가 〈야엘, 드보라, 바락〉을 그렸다(그림 3). 가운데 배치한 드보라를 노파로 표현한 건 야엘의 영웅성을 부각하기 위한 전략일 테다. 이가 빠진 드보라는 주름진 손을 곱게 모아 하늘을 우러러 기도한다. 맨 앞에 서서 정면을 바라보는 야엘의 손에는 망치와 말뚝이 들려 있다. 맨 뒤에서는 바락 장군이 병풍처럼 이들을 받쳐 준다.

이탈리아의 여성화가 아르테미시아 젠틸레스키도 이 이야기를 화폭에 담았다(그림 4). 남성의 독무대였던 화단에서 가부장적 폭력에 이골이 난 그녀는 이 상황을 어떻게 그렸을까? 야엘이 시스라를 처단하는 장면만 근접 촬영하듯이 재현했다. 세상 모른 채 깊이 잠든 시스라의 관자놀이에 이제 막 말뚝이 박힐 참이다. 망치를 높이 쳐든 야엘의 얼굴에서는 두려움이나 연민 따위의 감정을 일체 찾아볼 수가 없다. 하기야 '여자 안중근'으로 불린 남자현南慈賢 의사가 사이토 마코토齋藤實 총독을 암살하려고 작전을 짤 때, 두려움이나 연민을 내비칠 이유가 뭐란 말인가?

성서는 드보라가 사사로 있던 40년 동안 이스라엘에 "전쟁이 없이 평온하였다"(삿 5:31)고 보도한다. 나눔의 지도력이 이렇게 위대하다. 자존심이 센 사람은 지도력을 독점하려고 들지만, 자존감이 센 사람은 얼마든지 공을 나눌 수 있다. 그러니 히브리서 저자가 '믿음의 위인들' 명단에 네 명의 사사를 언급하며 드보라 대신 바락을 넣었다고 해서(히 11:32) 너무 분개할 필요는 없다. '없는 듯이 있는' 존재 방식이야말로 참 리더의 자질이므로.

4. 사랑이 죄인가요?

미갈

주말드라마 〈슈룹〉(tvN)은 숱한 화제를 뿌렸다. 그 가운데 으뜸은 배우 김혜수가 열연한 임화령의 '미친 존재감'이었다. "국모는 개뿔, 중전은 극한 직업"이라고 외치며 치마를 걷어든 채 궁궐 안을 마구 휘젓고 다니는 캐릭터를 언제 또 봤더라? '갈 자리, 못 갈 자리'로 운신의 폭을 규율하는 '공간 분할의 정치학'을 그녀는 가볍게 뛰어넘었다. 이쯤 되면 사극을 빙자한 코미디에 가깝지만, 그렇다고 마냥 웃기지만도 않았다. 임화령이라는 인물의 깊이감 때문이다.

처음 그녀는 '치맛바람'의 대명사처럼 보였다. 사고뭉치 아들들을 단속하는 일이라면 물불 가리지 않고 뛰어들어 '우산'이 되어 주었다. (우산雨傘의 순우리말이 '슈룹'이다.) 여기까지만 보면 '조선판 스카이캐슬'이 연상되지만, 전혀 그렇지 않다. 그녀의 우산은 자기가 낳은 아들들에 한정되지 않았다. 후궁의 아들들도 씌워 주고, 천민들도 품어 주었다. 나아가 어머니의 비틀어진 욕망에 편승한 대가로 왕위에 앉은, 그래서 자신의 원죄가 드러날까 전전긍긍하는 왕까지도 그녀의 우산 아래 깃들었다. 피비린내 진동하는 구중궁궐에서 벌어지는 권력의 암투 속에서 무고한 생명이 짓밟히지 않도록 스스로 우산이 된 여자, 임화령은 그렇게 'K-페미니즘'의 판타지를 구현했다.

이탈리아 화가 비르지니오 그라나Virginio Grana(1830-1888)의 〈다윗과 미갈〉(그림 1)은 이스라엘판 사극의 한 장면을 보여 준다. 다윗은 서서 수금을 연주하고, 미갈은 앉아서 손으로 박자를 탄다. 그러니까 미갈은 지금 이 사내를 은밀히 연모하는 중이다. 하기야 어느 여자인들 다윗의 매력에 안 빠질 수 있겠나? 다윗으로 말하면, 짱돌 하나로 적장 골리앗을 물리친 전설의 사나이가 아닌가? "눈이 아름답고 외모도 준수한"(삼상 16:12) 데다 악기도 잘 다루지, 시도 잘 짓지, 요즘으로 치면 '전천후 아티스트'가 따로 없다. 미갈은 그만 다윗에게 홀딱 반하고 말았다.

문제는 다윗의 마음이다. 미갈의 눈은 오롯이 다윗을 향하는데,

다윗은 미갈을 쳐다보지도 않는다. 그의 눈길이 향하는 '저 위'는 지상 권력의 최정점, 사울의 자리다. 사울 왕국의 천부장으로는 성에 차지 않는다. 마침 사울의 치세에 구멍이 뚫리기 시작했다. 다윗의 치솟는 인기에 불안을 느낀 사울은 점점 광기에 사로잡혀 이성을 잃어 갔다. 다윗을 블레셋 사람의 손에 죽일 작정으로 전쟁에 내보내며 맏딸 메랍과 혼사를 약속하더니, 정작 때가 되자 메랍을 다른 남자에게 줘 버렸다. '보란 듯이' 다윗의 자존심을 건드렸다.

사랑과 재채기는 숨길 수 없다는 말이 있다. 미갈의 마음이 들통났다. 다윗은 물론이고 사울도 알아 버렸다. 동물의 왕국을 방불케 하는 수컷들의 힘겨루기 속에서 미갈의 사랑은 과연 어찌 될까? 사울왕은 딸의 사랑을 미끼로 이번에야말로 다윗을 제거해야겠다고 작정한다. 결혼 선물로 블레셋 남자의 포피包皮 백 개를 가져오라 명한다(삼상 18:25). 이 잔혹한 요구에 다윗은 '보란 듯이' 포피 이백 개로 응수한다. 미갈의 사랑은 이렇게 오염되었다. 아름답게 맺어져야 할 결혼이 권력에 눈이 먼 두 남자의 무자비한 거래로 타락해 버렸다.

그림 1. 비르지니오 그라나, 〈다윗과 미갈〉(1865), 243×182cm, 캔버스에 유화, 제노바 미술대학 미술관, 제노바, 이탈리아.

그림 2. 게르치노, 〈창으로 다윗을 죽이려고 하는 사울〉(1646), 39.5×26.2cm, 캔버스에 유화, 국립미술관, 로마, 이탈리아.

그림 3. 귀스타브 도레, 〈창문으로 다윗을 도망시키는 미갈〉(1865).

미갈은 다윗을 사랑했다. 성서에서 여자가 '사랑하다'라는 동사의 주어로 등장하는 경우는 미갈이 유일하다. 이 예외적이며 주체적인 사랑의 대가는 혹독했다. 사울은 "자기 딸 미갈마저도 다윗을 사랑하는 것을 보고서 … 마침내 다윗과 평생 원수가 되었다"(삼상 18:28-29). 그럴수록 다윗은 전쟁의 공을 착착 쌓으며 왕좌에 성큼 다가섰다.

게르치노Guercino(1591-1666)의 그림은 다음 본문에 의지했을 테다(그림 2).

> 사울이 창을 들고 궁중에 앉아 있을 때에 … 다윗이 수금을 타고 있는데, 사울이 창으로 다윗을 벽에 박으려고 하였다. 다윗이 사울 앞에서 피하였으므로, 창만 벽에 박혔다. 다윗은 도망하여 목숨을 건졌다(삼상 19:9-10).

다윗이 지나치게 순진무구한 '홍안의 청년'으로 묘사된 게 살짝 거슬리지만, 긴박한 상황을 이해하기에는 부족함이 없다. 본문은 더욱 오싹하다.

> 바로 그날 밤에, 사울이 다윗의 집으로 부하들을 보내어, 그를 지키고 있다가, 아침에 죽이라고 시켰다. 그러나 다윗의 아내 미갈이 그

그림 4. 프란체스코 살비아티, 〈하나님의 궤 앞에서 춤추는 다윗을 바라보는 미갈〉(1552-1554), 프레스코화.

에게 "당신은 오늘 밤에 피하지 않으면, 내일 틀림없이 죽습니다" 하고 경고하였다. 미갈이 다윗을 창문으로 내려보내니, 다윗이 거기에서 달아나서, 목숨을 건졌다(삼상 19:10-12).

프랑스의 유명 삽화가 귀스타브 도레가 이 장면을 화폭에 담았다. 그림 3은 사랑하는 사람을 구하기 위해 자신의 전부를 거는 미갈의 용맹스러움이 돋보인다.

하지만 그래 봤자 외사랑이다. 다윗은 사울을 피해 도망 다니는 사이에 '보란 듯이' 다른 여자들을 아내로 맞이한다. 이와 함께 미갈의 수난사가 본격적으로 펼쳐진다. 사울은 미갈을 '보란 듯이' 발디(또는 발디엘)라는 남자에게 줘 버린다(삼상 25:44; 삼하 3:15). 세월은 무심히 흘러 마침내 사울이 세상을 떠났다. 이제 다윗이 대권을 장악할 일만 남았다. 다윗은 발디에게서 미갈을 되찾아 온다. 사랑 때문이 아니다. 권력의 정통성을 확보하기 위해서는 그녀의 지분이 필요했기 때문이다.

다윗 궁궐에 들어온 미갈은 어찌 되었을까? 살비아티Salviati라는 이름으로 더 많이 알려진 프란체스코 데 로시Francesco de Rossi(1510-1563)가 그린 그림 4를 보자. 다윗이 하나님의 궤를 자기 성으로 모셔 오는 장면이다. 그는 소와 양을 제물로 잡아 바쳐 큰 잔치를 벌였다. 그리고 "모시로 만든 에봇만을 걸치고 … 힘차게 춤을 추었다"(삼하 6:14). 이 성대한 국가 행사에 왕비인 미갈의 자리가 없다! 그녀는 성에 유폐된 채로 오로지 창문을 통해 바깥 풍경을 엿볼 뿐이다.

에봇은 제사장의 겉옷이다. 속에 이것저것 다 갖춰 입고 맨 마지막에 걸치는 조끼 비슷한 옷이다. 한데 다윗이 그 에봇을 입었다. 속옷을 생략한 채로 에봇만 입었다. 그런 다윗을 미갈은 '업신여긴다'(삼하 6:16). 나아가 '건달패' 같다고 호통친다(삼하 6:20). 전쟁 영웅에서 왕으로 신분 상승을 한 것도 모자라, 제사장 흉내까지 내는 게 우습다는 거다. 왕자도 생산하지 못한 주제에(!), 목숨을 구걸하기는커녕 다윗의 권력욕에 도전장을 내민다. 여성이 한낱 남성의 소유물에 불과하던 시절, 야망에 찬 남자를 사랑한 죄로 굴곡진 인생을 살아야 했던 미갈은 끝내 기죽지 않았다. 오욕의 세월을 견디며 권력의 감시자로 남았다. 현실은 아무리 가혹하더라도, 장밋빛 판타지보다 힘이 세다.

5. 신앙은 공이다

에스더

기독교인들에게 에스더는 페르시아 제국의 왕후로 기억된다. 그러나 에스더가 왕후가 되기까지는 우여곡절이 많았다. 그녀의 출신 성분이 한미했기 때문이다. 유다 왕국이 바빌로니아 제국에 멸망한 뒤 많은 유대인이 바빌론으로 끌려갔다. 오랜 세월이 지나 바빌로니아 제국 역시 신흥 강대국인 페르시아에 병합되었다.

페르시아(바사) 제국의 키루스(고레스)왕은 포로로 끌려온 유대인들이 본국으로 돌아가 국가 재건에 힘쓰도록 편의를 봐주었다. 하지만 모든 유대인이 귀환을 선택한 건 아니다. 모르드개도 페르시아에 남은 유대인 중 하나였다. 그는 페르시아 제국의 5대 왕인 아하수에로가 통치하는 시기에 "대궐 문에서 근무"(에 2:21)하며 문지기들을 관리했다. 나름 국가의 녹을 먹는 위치다. 차라리 이 자리에서 정치적 야망을 키우는 게 낫지, 굳이 유대 땅으로 돌아가 고생할 이유가 없다고 판단했을 수 있다.

마침내 기회가 왔다. 왕후 와스디가 폐위되는 사건이 벌어졌다. 사건의 개요는 이렇다. 왕이 수산 궁전에서 장군들과 모든 지방 총독들을 다 불러 잔치를 벌였다. 초호화판 술자리가 벌어졌다(에 1:6-7 참고). 거나하게 취한 왕이 내시들을 시켜 왕후를 데려오라 명한다. "왕후가 미인이므로, 왕은 왕후의 아름다움을 백성과 대신들 앞에서 자랑하고 싶었던 것이다"(에 1:11하).

역사는 승자의 기록이라는 말이 있다. 그림도 비슷하다. 승자인 에스더를 그린 그림은 넘치는데, 패자인 와스디를 다룬 그림은 많지 않다. 그래서 영국 화가 에드윈 롱Edwin Long(1829-1891)의 〈왕의 소환을 거절한 와스디〉(그림 1)가 반갑다. 와스디의 얼굴에는 슬픈 기색이 역력하다. 시녀들이 간곡히 설득하지만, 귀담아듣지 않는 눈치다. 입술을 굳게 다문 채 두 손으로 가슴을 가린 자세가 어쩐지 저항하는 몸짓처럼 읽힌다.

랍비들의 성서 해석을 담은 미드라쉬에 따르면, 와스디는 바빌

로니아 제국의 마지막 왕 벨사살의 딸이었다고 한다. 벨사살이 페르시아 제국의 기습 공격으로 살해되자(단 5장 참고) 페르시아의 다리우스왕이 와스디를 자기 아들 아하수에로와 강제로 결혼시켰다는 것이다. 한 랍비는 "와스디 왕후가 왕후의 관을 쓰고, 왕 앞으로 나오게 하라"(에 1:11상)는 왕의 명령을 주해하면서, 이것은 말 그대로 '관만 쓰고'(벌거벗은 채) 나오라는 뜻이라고 덧붙이기도 했다. 헤로도토스가 전하는 이야기 중에 루디아(소아시아의 서머나 동부 지역에 있던 도시국가)의 군주 칸타울레스가 왕후의 미모를 자랑하려고 신하들 앞에서 그녀를 벌거벗게 했다는 일화가 있는 것으로 보아, 전혀 무리한 주석은 아니다.

와스디는 왕의 명령에 불응한 죄로 왕후의 자리에서 쫓겨난다. 왕은 이참에 '버릇없는' 아녀자들을 단속해야 한다는 간신배들의 상소를 받아들여 '남편의 말이 곧 가정의 법이 되어야 한다'(에 1:22 참고)는 칙령을 방방곡곡에 선포했다. 페르시아 전역이 여성의 입에 재갈을 물리는 가부장제의 공기로 가득 찼다. 이런 분위기에서 에스더가 와스디의 뒤를 이어 왕후의 자리에 오른 것이다.

그림 1. 에드윈 롱, 〈왕의 소환을 거절한 와스디〉(1879), 380×470cm, 캔버스에 유화, 밥 존스 대학 박물관, 사우스캐롤라이나, 미국.

그림 2. 아르트 더 헬더르, 〈에스더와 모르드개〉(1685), 148.5×93cm, 캔버스에 유화, 부다페스트 미술관, 부다페스트, 헝가리.

그림 3. 아르테미시아 젠틸레스키, 〈아하수에로왕 앞에 선 에스더〉(1628-1635), 208.3×273.7cm, 캔버스에 유화, 메트로폴리탄 미술관, 뉴욕, 미국.

개역개정 성서에 따르면 에스더는 모르드개의 "삼촌의 딸"(에 2:7)이라고 나온다. 촌수 계산이 살짝 복잡하다. 새번역 성서는 둘의 관계를 사촌지간이라고 간단히 소개한다. 네덜란드 화가 아르트 더 헬더르Aert de Gelder(1645-1727)가 두 사람을 화폭에 담았다(그림 2). 그는 렘브란트의 마지막 제자로 알려져 있다. 이 그림에서 모르드개와 에스더는 사촌이라기보다는 부녀처럼 보인다. 어려서 부모를 여읜 에스더를 모르드개가 데려다 키웠으니(에 2:7 참고) 충분히 개연성 있는 설정이다.

에스더는 개명한 이름이다. 본래 이름은 '하닷사'인데(에 2:7 참고) 페르시아식으로 고쳤다. 에스더라는 이름에서는 바빌로니아 여신 이슈타르의 흔적이 엿보인다. 모르드개 역시 바빌로니아 남신 마르둑을 연상케 한다. 이름에서부터 포로기 유대인의 애환이 묻어난다. 소수민족이 남의 나라에 빌붙어 사는 게 절대 쉬운 일이 아니다.

그런 모르드개에게 정적이 있었으니, 그가 바로 하만이다. 재산이 많은 그는(에 5:11 참고) 왕이 벌이는 잔치에 뒷돈을 대 주는 식으로 세력을 넓히다 급기야 "큰 벼슬 … 다른 대신들보다 더 높은 자리"(에

그림 4. 렘브란트, 〈에스더의 잔치에 참석한 아하수에로와 하만〉(1660), 73×94cm, 캔버스에 유화, 푸시킨 미술관, 모스크바, 러시아.

3:1)에 등용되었다. 심지어 왕은 하만이 대궐 문을 드나들 때마다 모두 꿇어 엎드려 절을 하라고까지 일렀다. "그러나 모르드개는 무릎을 꿇지도 않고, 절을 하지도 않았다"(에 3:2). 이에 하만이 분개해 모르드개를 제거하기로 마음먹는다. 아니 모르드개 한 사람만 죽이는 것으로는 성에 차지 않는지, 모르드개와 같은 민족에 속하는 유대인을 전부 몰살할 계략을 꾸민다.

드디어 에스더가 십자가를 질 차례다. 하나님께서 이때를 위해 그녀를 높이셨다. "죽으면 죽으렵니다"(에 4:16)라는 고백은 이 맥락에서 나왔다. 왕의 부름이 없는데도 왕후가 제 발로 왕 앞에 나아간다는 건 목숨을 건 도박이다. 아르테미시아 젠틸레스키가 이 순간을 포착해 화폭에 담았다(그림 3). 거의 실신할 듯한 에스더를 두 시녀가 부축한다. 놀란 아하수에로가 왕좌를 박차고 금방이라도 계단을 뛰어내려갈 것만 같다. 렘브란트의 그림은 비교적 차분하지만, 등장인물을 아는 우리로서는 등골이 오싹하다(그림 4). 아하수에로왕을 사이에 두고 에스더와 하만이 마주 앉아 있다. 에스더의 심장이 얼마나 쿵쾅댔겠나?

에스더기는 유대 명절의 하나인 부림절의 기원을 밝혀 주는 책이다. 하만이 유대인들을 죽일 날을 잡기 위해 주사위의 일종인 '부르'를 던진 데서 유래되었다. 그렇게 뽑힌 날이 결국은 하만의 제삿날이 되었다. 그러니까 부림절은 불의에 저항하기를 다짐하는 날이다. 자기에게 있는 알량한 권력을 약자를 짓밟는 데 사용해서는 안 된다. 남이야 어찌 되든지 상관없이 나만 잘 먹고 잘살면 그만이라는 이기적인 심보를 고쳐먹어야 한다. 에스더기는 이렇게 우리의 신앙이 철저히 '공공성'에 복무해야 함을 깨닫게 하는 서늘한 책이다.

6. 여자들의 전쟁은 계속된다

유디트

2015년 광복 70주년을 맞아 수많은 역사물이 문화 시장을 뜨겁게 달궜다. 그중에서 단연 눈에 띄는 명작은 영화 〈암살〉이었다. 일제강점기 대한민국임시정부의 친일파 암살 작전을 그린 이 영화에 천만 관객이 호응했다. 독립운동가라고 하면 안중근 의사나 윤봉길 의사 같은 남성 영웅이 주로 소환되는 역사 지형도에서 지붕 위를 날아다니며 장총을 쏘아 대는 안옥윤(전지현 역)은 신선한 충격 그 자체였다.

영화 속 안옥윤의 실제 모델은 남자현(1872-1933) 의사다. '여자 안중근'이라는 별명을 지닌 그녀는 만주 독립군의 어머니로 활약했다. 오죽하면 하얼빈 교외의 한 거리에서 일제 경찰의 불심검문에 걸렸을 때 환갑이 넘은 이 할머니의 몸에서 권총과 폭탄, 비수 따위가 우르르 쏟아졌겠는가? 나는 개인적으로 〈암살〉에서 안옥윤 역할을 할머니 배우에게 맡기지 않은 게 옥에 티라고 생각한다. 물론 요즘은 환갑도 청춘이지만 말이다.

오스트리아의 상징주의 화가 구스타프 클림트(1862-1918)가 〈유디트〉(그림 1)를 그렸다. 클림트는 금 세공사 아버지 밑에서 자란 탓인지 금빛 찬란한 그림들로 유명하다. 그에게 '황금의 화가'라는 명성을 안겨 준 첫 작품이 바로 〈유디트〉이다. 풍성한 검은 머리, 야릇하게 반쯤 감긴 눈, 살짝 벌린 붉은 입술, 풀어헤친 가슴, 선명하게 드러난 젖꼭지와 배꼽까지, 얼핏 보면 외설적인데, 시선을 오른쪽 아래로 옮기는 순간 분위기가 급반전된다. 남자 얼굴이다! 그것도 목이 잘린 채 죽은 남자.

이번에는 이탈리아의 사실주의 화가로 유명한 미켈란젤로 메리시 다 카라바조(1571-1610)의 〈유디트〉(그림 2)를 보자. 이탈리아 이름에서 '다'가 붙으면 그 뒤에 나오는 건 출신 지역이다. 그러니까 레오나르도 다빈치는 '빈치 마을 출신의 레오나르도'라는 뜻이다. 그렇다면 우리가 통상 '카라바조'로 기억하는 이 화가는 '카라바조 출신의 미켈란젤로'이므로, 정식 이름은 미켈란젤로여야 맞겠다. 하지만

그림 1. 구스타프 클림트, 〈유디트〉(1901), 84×42cm, 캔버스에 유화, 벨베데레 궁전, 비엔나, 오스트리아.

그림 2. 카라바조, 〈홀로페르네스의 목을 치는 유디트〉(1598-1599), 145×195cm, 캔버스에 유화, 국립고미술관, 로마, 이탈리아.

자기보다 앞에 태어나 이미 거장의 반열에 오른 미켈란젤로와 같은 이름(사실은 세례명)으로 불리는 게 자존심이 상했던 모양이다. 그는 자기가 그린 그림마다 '카라바조'라고 서명했다.

카라바조의 〈유디트〉는 남자의 표정이 압권이다. 여자의 칼이 이미 남자의 목을 내리쳤다. 피가 철철 흐른다. 벌겋게 충혈된 눈에는 공포와 고통이 서려 있다. 벌어진 입에서는 비명이 터져 나온다. 칼을 잡은 여자 옆에는 하녀로 보이는 다른 여자가 자루를 들고 서 있다. 이 자루 안에 남자의 목을 담아 갈 참이다. 그런데 칼을 잡은 여자의 흰 블라우스가 마뜩잖다. 피 한 방울 튀지 않았다! 아마도 그녀의 순수성과 순결성을 강조하기 위한 배려일 것이다. 그래도 붉은 커튼의 주름 하나하나까지 섬세하고 정교하게 '사실적으로' 표현한 화가 치고는 배려가 너무 지나치다. 여자는 미간을 찌푸리며 "어머, 어쩜 좋아, 난 못 해" 하고 말하는 듯이 보인다. 그녀를 보조하는 하녀를 노파로 표현한 것도 남성 화가의 편견일 터.

그나저나 내로라하는 화가들의 붓끝에서 되살아난 유디트는 대체 누구인가? 구약성서 외경 「유디트」의 주인공이다. (한국 천주교와 개신교가 함께 번역한 공동번역 성서에서는 「유딧」이라 표기했다.) 외경이란 그리스어 성서인 '70인역'에 포함된 7권의 구약성서를 말한다. 한국 개신교 성서에는 외경이 들어 있지 않은 까닭에, 개신교인들이 외경을 접할 통로가 막혀 있다는 사실이 못내 아쉽다.

유디트는 '유대인 여자'라는 뜻이다. 고유명사라기보다는 보통명사에 가깝다. 말하자면 임진왜란 때 권율 장군이 행주산성에 진을 치고서 고니시 유키나가가 이끄는 3만 왜군을 격파할 때 앞치마에 돌을 담아 날라 승리를 도운 아녀자들 전부가 유디트라는 말이다. 김한민 감독의 이순신 3부작 중 영화 〈명량〉(2014)에 나오는 정씨 여인(이정현 역)이나 〈한산〉(2022)에 등장하는 정보름(김향기 역) 같은 캐릭터를 떠올리면 된다. 아니 굳이 가상 인물을 댈 이유가 없다. 우리에게는 이미 남자현도 있고, 논개도 있지 않은가?

어쨌든 유디트는 신바빌로니아 제국의 느부갓네살왕 휘하에서 악명을 떨치던 홀로페르네스 장군의 목을 친 전쟁 영웅이다. 과부의 몸으로 수절하며 지내던 중 자기가 살던 성읍이 위기에 놓이자 과감히 상복을 벗고 "남자들의 눈을 홀릴 만큼 요란하게"(유 10:4) 꾸민 뒤 적진에 잠입해 적장의 목을 베었다.

이 정도 힘과 결단력이라면 클림트의 '야한' 유디트나 카라바조의 '어린' 유디트로는 성에 차지 않는다. 여성 화가라면 어떻게 그릴까? 다행히 우리의 궁금증을 채워 줄 인물이 있다. 바로크 화단의 독보적인 여성 화가로 유명한 아르테미시아 젠틸레스키다. 카라바조의 영향을 받은 그녀는 궁정화가로 활약한 아버지의 유전자를 받아 탁월한 실력과 역량을 갖추었음에도, 아버지의 지지를 받지 못했다. 그림을 배우러 아버지의 친구에게 갔다가 성폭행을 당한 일은 평생 그녀를 따라다닌 불행의 씨앗이 되었다.

그녀가 그린 〈유디트〉(그림 3)에서는 여자들의 튼실한 몸매가 일품이다. 이순신 장군쯤 되어야 휘두를 수 있는 대검을 다루려면 힘은 기본이라는 듯이. 젊은 하녀의 적극적인 역할도 눈에 띈다. 허드렛일로

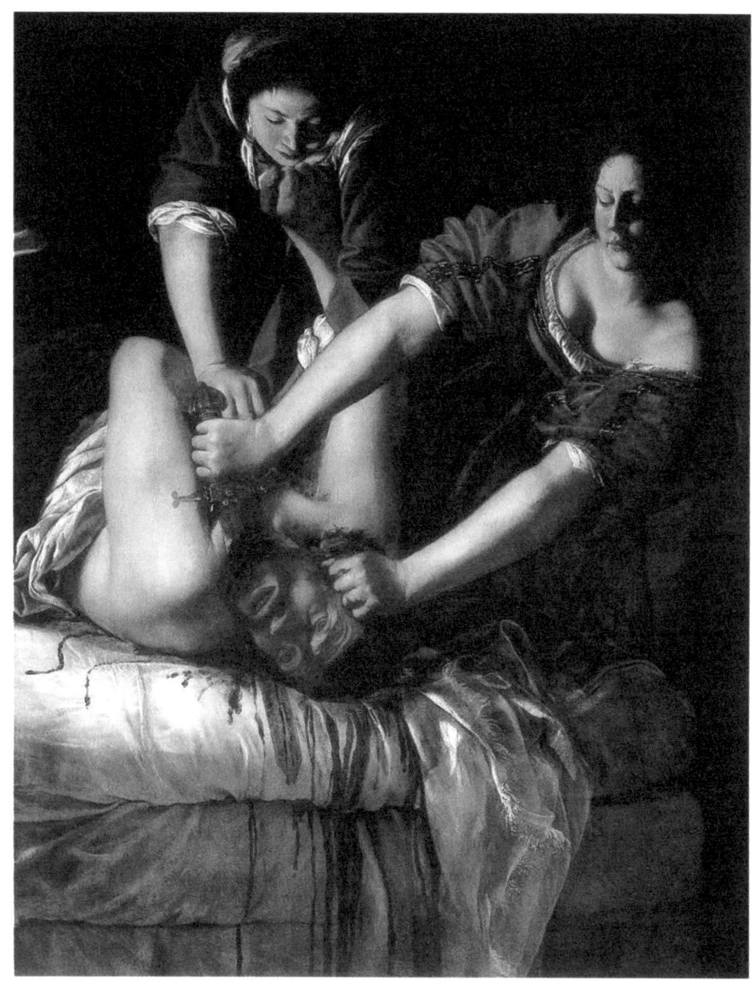

그림 3. 아르테미시아 젠틸레스키, 〈홀로페르네스의 목을 자르는 유디트〉(1612-1613), 147×108cm, 캔버스에 유화, 우피치 미술관, 피렌체, 이탈리아.

단련된 강인한 두 팔로 홀로페르네스가 움직이지 못하도록 위에서 내리누른다. 동지로 활약하는 두 여성의 표정 어디에도 연민이나 동정 따위는 엿보이지 않는다. 이순신 장군이 왜군 전함을 향해 발포를 명령할 때처럼 결기가 가득할 뿐.

그런데 한번 생각해 보자. 카라바조가 그린 홀로페르네스는 그의 자화상이라 치고, 젠틸레스키는 누구를 떠올리며 홀로페르네스를 그렸을까? 자기를 성폭행한 범인일까? 자기를 집안의 수치로 여긴 아버지일까? 무능력한 남편일까? 버젓이 자기가 그린 작품인데 아버지의 작품이라고 명명한 세상의 편견일까? 젠틸레스키의 유디트는 우리에게 묻는다. 당신의 칼은 누구를, 무엇을 겨냥하고 있냐고.

7. 무슨 일을 하든지 주님의 영광을 위해

마르다

스페인의 디에고 벨라스케스Diego Rodríguez de Silva y Velázquez(1599-1660)는 루벤스, 렘브란트와 더불어 바로크 시대의 3대 거장으로 일컬어진다. 그의 대표작 〈시녀들〉(그림 1)은 파블로 피카소가 패러디(그림 2)했을 정도로 작품성이 뛰어나다. 코로나 이전 텔레비전 광고에서 어느 여행사가 스페인을 홍보하며 〈시녀들〉을 언급하는 걸 보고

그림 1. 디에고 벨라스케스, 〈시녀들〉(1656), 318×276cm, 캔버스에 유화, 프라도 미술관, 스페인.

그림 2. 파블로 피카소, 〈시녀들 1〉(1957), 194×260cm, 캔버스에 유화, 피카소 미술관, 바르셀로나, 스페인.

흠칫 놀랐던 기억이 새롭다. 〈시녀들〉을 보고 있으면 어째서 벨라스케스를 '화가들이 인정하는 화가'라고 높이 평가하는지 알 것도 같다.

보통은 그림의 가운데 자리한 인물이 주인공이다. 이 그림의 중앙에 인형처럼 귀여운 공주가 있으니, 궁정화가로 활동한 벨라스케스가 펠리페 4세의 딸 마르가리타 공주를 주인공으로 그린 게 아닌가 생각하기 쉽다. 한데 그림을 보는 관객의 시선은 왼쪽에서 오른쪽으로 흐르게 마련이다. 이 그림의 왼쪽에는 화가 자신이 그려져 있다. 화가가 천장에 닿을 만큼 커다란 화폭 앞에 서서 누군가를 그리고 있다. 그 누군가가 공주일 리는 없다. 화가가 그리는 대상은 화가 옆이 아니라 앞에 있어야 마땅하다.

그러고 보니 화가의 오른쪽에 있는 시녀와 공주 사이에 놓인 뒤쪽 거울이 심상치 않다. 그 거울 속에 한 쌍의 남녀가 보인다. 펠리페 4세 부부다. 그렇다면 화가의 화폭에는 이 부부가 담겨 있다는 뜻일까? 우리는 그 화폭을 영원히 볼 수 없지만, 아마도 그럴 것이다. 확실한 건, 왕정 국가에서 최고 존엄으로 대우받는 왕과 왕비는 정작 그림의 들러리일 뿐 중심이 아니며, 그림 밖에 있어야 할 화가가 그림 안에 떡하니 자리를 차지하고 있는 모습이 여간 당돌하지 않다는 점.

화가가 예술가로서 정당한 대접을 받지 못하던 시대, 그저 기술자로 취급받던 시대를 향한 도전이었을까? 벨라스케스의 발칙함은 여기서 끝이 아니다. 이 그림의 제목이 모든 정황을 말해 준다. 적어도 그의 그림에서는 공주도, 왕과 왕비도 주인공이 아니다. 공주를 둘러싸고 있는 '시녀들', 그러니까 화가가 왕실 초상화를 그리는 광경을 구경하러 왔다가 문득 심심해져서 짜증이 난 공주를 어르고 달래는 시녀들이 주인공이라고 말한다.

그중에서도 화폭 오른쪽 끝에 있는 시녀들을 주목해 보라. 왜소증 장애인이다! 궁금해서 이 책 저 책을 뒤져 봤다. 정면을 바라보는 여성의 이름은 마리 바르볼라. 개를 툭툭 건드리며 장난을 치는 어린 시종은 니콜라시토 페르투사토. 이들의 공식 직함은 궁정 광대. 말하자면, 어린 공주를 웃겨 주라고 고용된 놀이 친구들이다. 벨라스케스는 그들을 웃음거리로 그리지 않았다. 특히 관객과 눈을 맞추는 마리를 공주만큼이나 당당하게 그린 게 인상적이다.

관객에게 수수께끼를 내듯 '그림 속 그림'을 즐겨 그렸던 벨라스케스가 〈마르다와 마리아의 집에 계신 그리스도〉(그림 3)를 그렸다. 그의 나이 열아홉 살에 완성되었으니, 될성부른 나무는 떡잎부터 다른 법. 우리가 잘 아는 누가복음 10장 38-42절 내용이 담겼다. "그들이 길을 가다가, 예수께서 어떤 마을에 들어가셨다. 마르다라고 하는 여자가 예수를 자기 집으로 모셔 들였다"(눅 10:38).

그렇게 예수를 초대한 마르다는 "여러 가지 접대하는 일로 분주하였다"(눅 10:40). 앉을 자리를 챙겨 드리고 약간의 마실거리와 간식을 내놓은 다음, 당장 부엌으로 달려가 음식 준비에 여념이 없었겠다. 벨라스케스의 그림에서 우리의 눈길을 가장 먼저 사로잡는 건 앞에 있는 마르다, 그것도 마르다의 뾰로통한 표정이다. 주부 9단마냥 건장한 팔뚝으로 절구통의 마늘을 찧고 있는데, 생각이 딴 데 있는 눈이다. 요리에 집중하기보다는 어쩐지 불만이 가득해 보인다. 미처 까지 못한 마늘과 홍고추, 생선, 달걀 따위가 앞으로 진행될 요리를 짐작하게 하지만, 이대로 가다가는 밥상이 제대로 차려질 리 만무다.

지금 마르다의 신경을 건드리는 건 부엌 너머에서 들려오는 예수와 마리아의 대화다. 벨라스케스는 이 장면을 마치 액자처럼 오른쪽 화폭에 배치했다. 마르다의 마음을 알 길이 없는 "마리아는 주님의 발 곁에 앉아서 말씀을 듣고 있었다"(눅 10:39). 마르다의 속에서 갑자기 부아가 치밀어 오른다. 성미 급한 마르다는 그만 뚜껑이 열리고 만다. "주님, 내 동생이 나 혼자 일하게 두는 것을 아무렇지 않게 생각하십니까? 가서 거들어 주라고 제 동생에게 말씀해 주십시오"

그림 3. 디에고 벨라스케스, 〈마르다와 마리아의 집에 계신 그리스도〉(1618), 63×103.5cm, 캔버스에 유화, 내셔널 갤러리, 영국.

(눅 10:40).

이쯤 되면 손님이 무안해서 "미안하다, 미처 네 마음을 헤아리지 못했다" 해야 계산이 맞을 텐데, 이야기가 이상한 방향으로 흐른다. 예수의 대답은 이랬다. "마르다야, 마르다야, 너는 많은 일로 염려하며 들떠 있다. 그러나 주님의 일은 많지 않거나 하나뿐이다. 마리아는 좋은 몫을 택하였다. 그러니 아무도 그것을 그에게서 빼앗지 못할 것이다"(눅 10:41-42).

17세기 종교화에서 예수가 주인공처럼 보이지 않는다는 건 무척 충격적이다. 벨라스케스는 마르다를 전면에 내세움으로써 일상적인 가사 노동에 가치를 부여하는 한편, 종교화로서의 의미를 깊이 있게 드러내는 영리한 전략을 취했다. 이를테면, 마르다 뒤에 있는 노파가 손끝으로 어디를 가리키고 있는지 따라가 보자. 바로 예수가 말씀하시는 쪽이다. 그런가 하면, 마리아 뒤에 있는 여인은 예수를 바라보며 예수의 말씀에 동조하는 듯한 동작을 취하고 있다.

그러니까 이 그림은 우리에게 거꾸로 질문하는 것이다. 그대가 가정에서, 교회에서, 사회에서 하는 수많은 일은 과연 무엇을 위한 것인가? 주님을 위해 일한다고 하지만, 사실은 자기 욕망을 채우려는 게 아닌가?

8. 합당한 예절로 대하시오

뵈뵈

영웅이 활약하는 영화에는 반드시 조력자가 있기 마련이다. 브루스 웨인이 하늘을 펄펄 나는 '배트맨'이 되어 범죄 도시를 구하기 위해서는 이른바 '장비발'이 필요한데, 그걸 누가 다 만드냐 말이다. 영화 〈배트맨〉에서는 루시어스 폭스가 유력 조력자로 등장한다. 응용과학 분야의 천재인 그는 브루스에게 필요한 특수 장비를 만들어 시시때

때로 공수한다. 뛰어난 두뇌와 선량한 양심에 더해 시민적 교양까지 갖춘 그가 의리 있게 배트맨을 돕는 모습을 보고 있으면 조력자 없는 영웅이란 끈 떨어진 운동화라는 느낌을 지울 수 없다.

초기 기독교 역사에서 영웅을 꼽자면 단연 1순위가 바울이다. 신약성서 27권 중 바울이 직접 썼거나 바울의 이름을 빌려 쓴 글(바울서신)이 13권에 달한다. 예수의 삶과 가르침을 담은 복음서가 4권, 초대 교회 형성사를 다룬 역사서(사도행전)가 1권, 지역 교회가 아니라 전체 교회를 위한 편지글(공동서신)이 8권, 그리스도의 재림에 관한 예언(요한계시록)이 1권임을 고려하면, 이른바 복음의 '지역화' 혹은 '세계화'에 바울이 미친 영향이 얼마나 큰지 알 수 있다.

우리의 관심은 조력자다. 바울이 지중해를 넘나들며 이곳저곳에 교회를 세울 수 있도록 뒤에서 도와준 사람들의 얼굴이 궁금하다. 바울서신 안으로 들어가 보자. 로마서 16장을 펼친다.

> 겐그레아 교회의 일꾼이요 우리의 자매인 뵈뵈를 여러분에게 추천합니다. 여러분은 성도의 합당한 예절로 주님 안에서 그를 영접하고, 그가 여러분에게 어떤 도움을 원하든지 도와주시기 바랍니다. 그는 많은 사람을 도와주었고, 나도 그에게 신세를 많이 졌습니다. 그리스도 예수 안에서 나의 동역자인 브리스가와 아굴라에게 문안하여 주십시오. 그들은 생명의 위험을 무릅쓰고 내 목숨을 구해 준 사람들입니다. 나뿐만 아니라, 이방 사람의 모든 교회도 그들에게 감사하고 있습니다. 그리고 그들의 집에서 모이는 교회에도 문안하여 주십시오

그림 1. 얀 새들러, 〈아굴라와 브리스길라 집에 있는 바울〉(1580-1600경), 36.6×45cm, 판화, 보이만스 판뵈니엉 미술관, 로테르담, 네덜란드.

(롬 16:1-5상).

여행하려면 돈이 많이 든다. 먹고 자고 돌아다니는 모든 행위가 다 돈이다. 길 위의 사도였던 바울이 여비와 생활비를 마련하기 위해 천막 만드는 일을 했다는 건 널리 알려진 사실이다. 생업이 같았던 브리스가(바울은 정식 이름으로 부르는데, 누가는 '브리스길라'라는 애칭을 더 선호한다)와 아굴라 역시 바울의 든든한 조력자였다(행 18:3; 그림 1). 바울은 고린도에서 이들 부부를 만났다. 아굴라는 디아스포라 유대인으로 소아시아 본도(폰투스) 태생이었고, 브리스가는 로마 귀족 가문 출신이었다. 이들 부부의 이름은 사도행전과 바울서신에 모두 여섯 차례 등장하는데, 그중 아내 이름(브리스가)이 앞에 나오는 게 무려 네 번이다. 한국 교회가 뿌리내리고 가지 쳐 성장하는 데 여성의 역할이 중요했듯이, 그때도 그랬지 않았을까?

예수가 하늘로 올라간 뒤 사도들이 오순절에 예루살렘의 마리아

그림 2. 두초 디 부오닌세냐, 〈오순절(성령강림절)〉(1308-1311), 37.5×42.5cm, 나무에 템페라화, 두오모 성당, 피렌체, 이탈리아.

네 집 다락방(행 12:12; 그녀의 아들 이름인 마가의 다락방이라고도 불린다)에 모여 기도하다가 성령을 받았다(그림 2). 예루살렘에는 경건한 유대 사람들이 세계 각국에서 와 있었는데, 그중에는 로마 사람도 끼어 있었다(행 2:10). 아마도 이들이 로마로 돌아가 은밀히 복음을 전했을 개연성이 크다. 지하 교회가 만들어졌다. 브리스가는 우연한 인연으로 이 모임에 왔다가 예수를 알게 되었을 것이다. 로마제국에 의해 처형된 예수를 따른다는 건 똑같은 운명에 내던져질 수 있다는 뜻이었다. 그런데도 브리스가는 제국의 복음 대신에 예수의 복음을 택했다.

거기서 아굴라를 만났다. 같은 믿음, 같은 소망, 같은 사랑으로 묶인 두 사람은 마침내 결혼해 자기 집을 교회로 내놓으며 환대의 삶을 살았다. 그러나 현실은 살얼음판이었다. 로마 황제를 신으로 숭배하는 분위기가 팽배했다. 예수를 하나님의 아들이라 고백하는 유대계 그리스도인들의 입지가 좁아질 수밖에 없었다. 그러다 글라우디오(클라우디우스) 황제가 칙령을 내려 유대계 그리스도인들을 로마에서 아예 추방해 버렸다(주후 49년). 브리스가와 아굴라도 이때 로마를 떠났다. 고린도에 정착해 천막 만드는 일을 하며 복음을 전하다 바울을 만났다.

브리스가의 경우에는 남편이 유대인이라 로마를 떠날 수밖에 없었지만, 다른 로마인 그리스도인들은 그럴 필요가 없었다. 이 이방인 신자들은 로마에 남아서 교회를 지켰다. 바울은 제국의 심장부에 든든히 자리 잡은 로마 교회의 도움이 절실했다. 유럽의 서쪽 스페인으로 가는 선교의 꿈을 꾸면서 로마 교회에 들러 후원금을 받아 갈

NEHMT SIE IM NAMEN
DES HERRN AUF, WIE ES
DIE HEILIGEN TUN SOLLE
UND STEHT IHR IN JEDER
SACHE BEI, IN DER SIE
EUCH

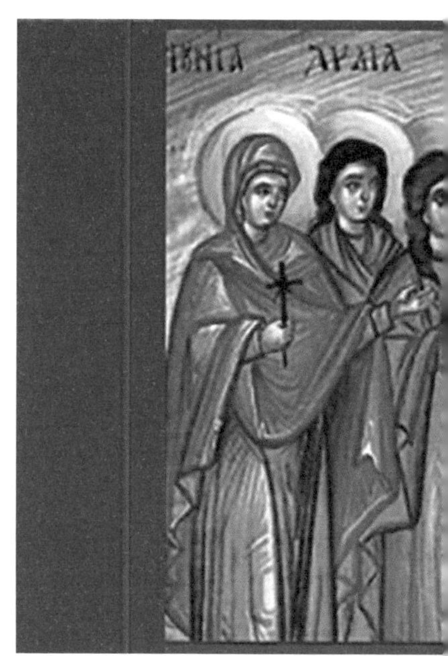

그림 3. 뵈뵈를 그린 성화.

그림 4. 코스타스 크세노풀로스, 〈초대교회의 여성 지도자들: 유니아, 리디아, 브리스길라, 드루배나, 뵈뵈 그리고 다비다〉.

작정이었다. 마침 글라우디오 황제가 죽어 유대인에 대한 강경책이 유연해진 터였다. 하지만 로마 교회는 자신이 직접 세운 교회가 아니었다. 그래서 그들이 신뢰할 만한 이름들을 상기시키며 그들의 지지를 얻기로 했다.

로마서 16장의 이름들은 이런 맥락에서 언급되었다. 가장 먼저 나온 이름이 겐그레아 교회의 뵈뵈다(그림 3). 겐그레아는 고린도에서 가까운 도시다. 그녀는 바울에 앞서 바울의 편지를 들고 로마 교회로 가는 선발대의 우두머리다. 바울은 그녀를 "우리의 자매"라고 부른다. 자매는 (로마 황제가 아니라) 예수가 구세주라는 믿음을 공유하는 '불온한' 사람들의 모임에 속한 여성을 일컫는 각별한 부름말이다. 로마제국 곳곳에 점조직처럼 퍼져 나가던 신생 세포조직인 '하나님의 에클레시아' 네트워크에서 형제와 자매는 서로를 환대할 책무를 지닌다.

나아가 바울은 뵈뵈를 "일꾼"이라고도 소개한다. 여기 사용된 '일꾼'이라는 용어, 곧 '디아코노스*diakonos*'는 초대교회에서 지도자를 가리키는 공식 칭호다. 바울 자신이 스스로를 '디아코노스'라고 규정했다(고전 3:5, 고후 3:6 등 여러 곳 참고). 초대교회에는 이렇게 바울과 '동역' 관계에 있던 여성 지도자들이 수두룩했다(그림 4).

하지만 같은 단어가 여성에게 쓰일 때는 어쩐지 야박하게 평가하는 게 우리네 생각 습관이다. 바울은 '목회자(목사)'로 봐주면서 뵈뵈는 '봉사자(집사)'라고 단정 짓는다. 바울은 "성도의 합당한 예절로" 여성 지도자를 대우하라고 일렀건만, 이 당부는 종종 잊히기 일쑤다.

여전히 교회 안에서 여성의 지도력은 자주 의심당하며 쉽게 폄훼되곤 한다.

그런 차별적 행태야말로 비성서적이다. 바울은 교회를 무너뜨리는 '다른 복음'에 대해 "이런 사람들은 우리 주 그리스도를 섬기는 것이 아니라, 자기네 배를 섬기는 것"(롬 16:18)이라며 단호히 선을 긋는다. 권력 중독에 걸린 이들이여, 부디 들으시라. 성령의 다른 이름은 '조력자(보혜사)'이니, 성령을 받고 변화하시라. 차별 없는 복음이 구원이다. 서로 돕지 않고는 좋은 세상이 올 수 없다.

2부

폭력에 신음하는 여성

9. 죽이는 눈물, 살리는 눈물

입다의 딸

루마니아 태생의 유대인 시인 파울 첼란Paul Antschel Celan이 〈쉬볼렛Shibboleth〉이라는 제목의 시를 썼다. 1936년 발발한 스페인 내전을 기록한 시다.

창살 뒤에서

커다랗게 울었던
내 돌들과 함께
그들은 나를 날카롭게 갈아서
시장 한복판으로 보냈네
…

여기서도 너는 네 신분을 밝히라
여기 시장 한복판에서
외치라 그것, 쉬볼렛을, 저 밖으로
낯선 고향에 대고
2월, 노 파사란
…

'노 파사란No pasaran'은 스페인 내전 당시 프랑코Francisco Franco 독재 정권에 맞선 공화파의 구호로 '너희가 건너지 못하리라'라는 뜻이다. 나치의 광풍을 피해 이 나라 저 나라를 떠돌며 망명자로 살아야 했던 파울 첼란은 세상의 부조리를 견디지 못한 채 결국 미라보 다리 아래 몸을 던졌다. 그가 남긴 시들은 파블로 피카소의 〈게르니카〉(그림 1)와 나란히 언급될 정도로 유명하다. 두 사람 모두 종족 말살을 고발하는 반전反戰 예술가였다.

2007년 10월 영국 런던에 자리한 테이트 모던 갤러리를 찾은 관람자들은 엄청난 충격에 휩싸였다. 핵심 전시 공간인 터빈홀 바닥에

그림 1. 파블로 피카소, 〈게르니카〉(1937), 349.3×776.6cm, 캔버스에 유화, 국립 소피아 왕비 예술센터, 마드리드, 스페인.

그림 2. 도리스 살세도, 〈쉬볼렛〉(2007), 167m, 콘크리트와 와이어 펜스, 테이트 모던 갤러리, 런던, 영국.

지진이라도 난 듯 커다란 금이 가 있었기 때문이다. 걸을 때 조심하라는 경고문까지 붙어 있으니, 아무도 이를 작품이라 여기지 못했다. 무려 167미터에 달하는 긴 균열은 이듬해 4월까지 '전시'되었다. 〈쉬볼렛〉(그림 2)이라는 이름을 달고서. 콜롬비아 출신의 여성작가 도리스 살세도Doris Salcedo(1958-)에게 국제적인 명성을 안겨 준 작품이다.

'쉬볼렛'이 도대체 무엇이기에 예술가들이 이런 식으로 소환할까? 히브리어인 이 단어는 성서에 딱 한 번 등장한다. '곡식 이삭' 또는 '힘차게 흐르는 강물'을 뜻하는 평범한 단어이지만, 알고 보면 피 냄새가 잔뜩 밴 무시무시한 단어이기도 하다.

때는 주전 13세기에서 11세기 사이, 이스라엘이 아직 국가를 형성하지 않고 부족(지파) 연맹체로 지내던 '사사 시대'다. 연맹체의 주도 세력인 에브라임 지파가 터 잡은 서쪽, 그러니까 요단강 건너편에 길르앗 지파가 살고 있었다. 워낙 약소 지파여서 안팎으로 시비가 끊이지 않았는데, 특히 에브라임 쪽에서는 길르앗의 지도자가 눈에 거슬렸다. 출신 성분이 미천한 데다 야망마저 컸기 때문이다. 그 이름이 입다다.

사사기 12장 1절을 읽어보자. "에브라임 지파 사람이 싸울 준비를 하고 요단강을 건너 사본으로 와서, 입다에게 말하였다. '너는 왜 암몬 자손을 치러 건너갈 때에 우리를 불러 같이 가지 않았느냐? 우리가 너와 네 집을 같이 불태워 버리겠다.'" 선전포고다. 이에 순순히 사과할 입다가 아니다. 그는 기다렸다는 듯이 "길르앗 사람들을 모두 불러모아, 에브라임 지파 사람들과 싸워 무찔렀다”(삿 12:4).

여기서 끝냈다면 그나마 ‘정당방위’였다고 인정할 수도 있겠다. ‘눈에는 눈, 이에는 이’라는 동해보복법同害報復法에 따른 조치였다고 말이다. 하지만 인간이 어디 그렇게 단순한가? 내가 당한 만큼 갚아 주리라 마음먹는 순간, 당한 울분이 증폭된다. 내가 한쪽 눈을 다쳤다면, 상대방은 두 눈을 멀게 해야 직성이 풀린다. (그래도 직성이 안 풀리는 경우가 다반사다.)

승리한 입다는 멈추지 않는다. 살아서 도망치는 에브라임 사람을 끝끝내 잡아 죽일 요량이다. 한데 에브라임 사람인지 아닌지 어떻게 구분한담? 순간, 입다의 머릿속에 한 단어가 떠오른다. 바로 ‘쉬볼렛’. 에브라임 사람들은 선천적으로 이 단어를 똑똑히 발음하지 못한다. ‘쉬’가 어려워 ‘시’라고 내뱉는다. 마치 경상도 사람들이 ‘쌀’을 ‘살’이라 발음하는 것처럼.

완벽한 계획이 짜였다. 길르앗 병사들은 이제 요단강을 가로막고서 누구든 나타나 강을 건너가게 해 달라고 하면 ‘쉬볼렛’이라는 말을 발음하게 하면 된다.

> 그가 그 말을 제대로 발음하지 못하고 시볼렛이라고 발음하면, 길르앗 사람들이 그를 붙들어 요단강 나루터에서 죽였다. 이렇게 하여 그때에 죽은 에브라임 사람의 수는 사만 이천이나 되었다(삿 12:6; 개역개정 성서에는 ‘쉬볼렛’을 ‘쉽볼렛’으로, ‘시볼렛’을 ‘십볼렛’으로 표기했다).

동족상잔의 비극이 일어났다. 같은 조상의 후손끼리 서로를 멸절시키려고 안달이 났다. 그 중심에 입다가 있다. 그에 관해 조금 더 알아보아야겠다. 사사기 11장 1절의 소개는 간단하다. "길르앗 사람 입다는 굉장한 용사였다. 그는 길르앗이 창녀에게서 낳은 아들이다." 창녀에게서 태어났기에 아버지의 사랑을 받지 못했다. 본처의 아들들은 대놓고 그를 업신여겼다. 차별에 무방비로 노출된 그의 성장기는 피눈물의 연속이었다.

쫓겨난 입다는 돕 땅에 정착했다. 어찌 알았는지, 그이 주변으로 사람들이 몰려들기 시작했다. 그이처럼 사회에서 버림받은 사람들, 쓸 게 주먹밖에 없는 건달들이었다. 그런데 음지에서 살던 그가 양지로 올라설 기회가 왔다. 암몬 족속이 이스라엘을 쳐들어온 거다. 일찌감치 입다에 관해 소문을 들어 알던 길르앗 장로들이 돕 땅까지 와서 그에게 도움을 청했다. 우리의 '지휘관'이 되어 달라고. 눈여겨볼 건 입다의 반응이다. '지휘관' 정도로는 성에 차지 않는다. '통치자'가 되겠다고 선언한다.

그림 3. 제임스 티소, 〈입다의 딸〉(1896-1902), 17.8×28.9cm, 수채화, 유대인 박물관, 뉴욕, 미국.

그림 4. 알렉상드르 카바넬, 〈입다의 딸〉 (1879), 64.8×100.3cm, 캔버스에 유화, 개인 소장.

이제 입다는 무슨 수를 써서든 이 전쟁에서 이겨야겠다고 다짐한다. 그래야 단박에 자신의 서러움이 씻기지 않겠나? 그의 유명한 서원 기도는 이 맥락에 위치한다.

> 하나님이 암몬 자손을 내 손에 넘겨주신다면, 내가 암몬 자손을 이기고 무사히 돌아올 때에, 누구든지 내 집 문에서 먼저 나를 맞으러 나오는 그 사람은 주님의 것이 될 것입니다. 내가 번제물로 그를 드리겠습니다(삿 11:30-31).

이어지는 이야기는 비극이다. 입다가 전쟁에서 이기고 돌아올 때, 소고를 치고 춤추며 그를 맞이한 사람은 다름 아닌 그의 외동딸이었다(그림 3). 성서에 따르면 그녀는 두 달의 말미를 얻어 '애도 여행'을 떠난다. "처녀로 죽는 이 몸, 친구들과 함께 산으로 가서 실컷 울도록 해 주시기 바랍니다"(삿 11:37). 프랑스 화가 알렉상드르 카바넬Alexandre Cabanel(1823-1889)이 〈입다의 딸〉(그림 4)을 그렸다. 눈에 슬픔이 가득하다. 반쯤 든 양팔은 체념하는 듯도 하고 기도하는 듯도 하다. 귀스타브 도레의 삽화(그림 5)는 슬픔을 더욱 극대화한다. 하지만

그림 5. 귀스타브 도레, 〈이스라엘 처녀들이 입다의 딸을 애도함〉(1866). 귀스타브 도레의 삽화가 실린 구약과 신약.

그게 전부가 아니다. 그녀의 때 이른 죽음에 함께 슬퍼하는 친구들의 연대가 탁월하게 펼쳐져 있다. 입다의 눈물이 '쉬볼렛'의 참극을 연출했다면, 입다의 딸의 눈물은 돌봄의 문화를 낳았다. 이제 여자들은 해마다 산에 올라 나흘 동안 입다의 딸처럼 스러져 간 모든 생명을 위해 운다(삿 11:40). 공감이 실종된 시대, 어쩌면 이런 눈물이야말로 부조리한 세상을 치유하는 생명수일지도.

10. 하늘을 향해 소리치는 꽃

다말

나팔꽃은 이른 아침에 활짝 피어나서 영어로 '모닝 글로리Morning Glory'라 불린다. 햇볕이 내리쬐는 한낮에는 대체로 꽃잎을 다무는 특징이 있다. (한낮에도 피어 있으면 메꽃이기 쉽다. 메꽃과 나팔꽃은 귤과 오렌지만큼 비슷하면서도 다르다.) 그런데 피어나는 방향에 따라 나팔꽃의 이름이 다르다고 한다. 넷플릭스 드라마 〈더 글로리〉에 나오는 대사다. "저건 지상을 향해 나팔을 불어서 천사의 나팔꽃이야. 그건 하늘을 향해 나팔을 불어서 악마의 나팔꽃. 신이 보기에 건방지다나. 그래서 그런지 그 꽃은 밤에만 향기가 나."

이 드라마는 학교 폭력 문제를 다룬다. 고등학교 시절에 동급생들로부터 끔찍한 폭력을 당한 문동은(송혜교 역)이 가해자들을 찾아내 복수하는 내용이다. 가해자 무리의 중심에는 박연진(임지연 역)이 있다. '다이아몬드 수저'를 물고 태어난 그녀는 너무 일찍 피어 버린 탓에 '꿈'이라는 단어조차 시들하다. 이미 다 이뤘는데, 새삼 뭘 또 이룰 게 있단 말인가? 돈이면 다 되는 세상에서 일찌감치 돈맛을 알아 버린 그녀에겐 만만한 상대를 골라 폭력을 행사하는 게 취미이자 게임이다. 들켜 봤자 겁날 게 없다. 경찰도 검찰도 모두 부모의 손아귀에 있으니까.

암논은 다윗왕의 맏아들이다. 고대 왕국에서 장자의 지위는 막강했다. 별다른 일이 없는 한, 아버지가 죽으면 대를 이어 왕이 될 터였다. 어릴 때부터 떠받들어 주는 사람들의 대우에 익숙했다. 세상이 자기 발아래 있는 듯 여겨졌다. 그러면 선을 넘기 쉽다. 신앙이고 도덕이고 간단히 무시하게 된다. 해서는 안 될 짓을 아무렇지 않게 저지른다.

그의 눈에 재미 삼아 '데리고 놀' 상대가 들어왔다. 아버지의 자녀 중 유일하게 딸로 태어난 다말이다. 딸은 왕위 계승 서열에서 배제된다. 게다가 친동생도 아닌 배다른 누이다. 성서는 암논이 다말을 '사랑'하였다고 말한다. 하지만 여기 사용된 히브리어 '아헤브'는

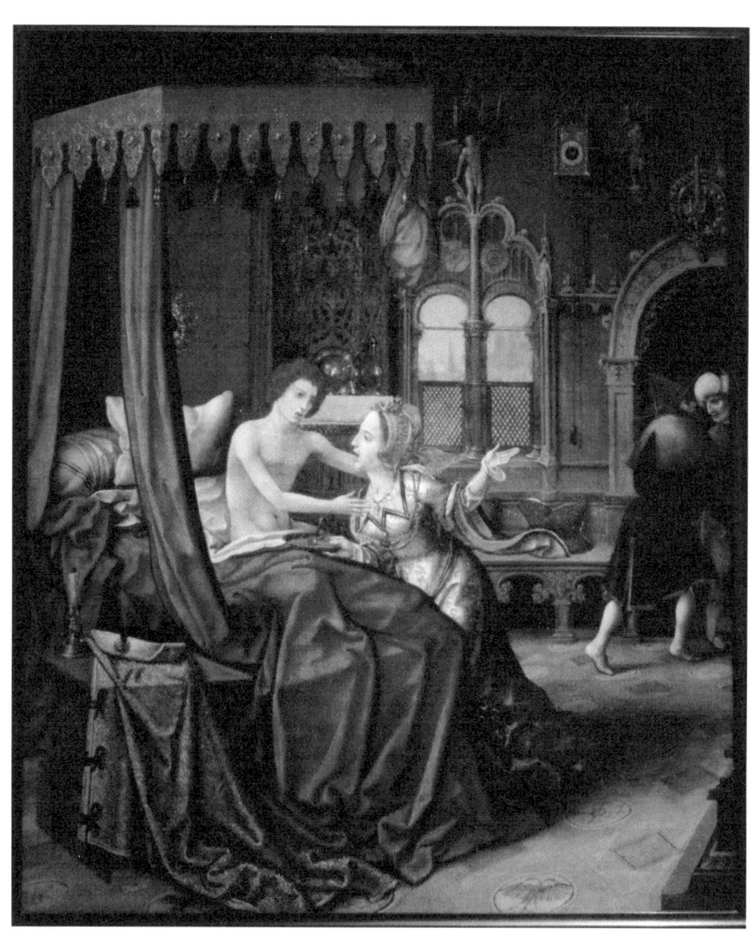

그림 1. 얀 반 도르니케, 〈다말을 해치는 암논〉(1508), 64.5×79.2cm, 패널에 유화, 월터스 미술관, 볼티모어, 미국.

그림 2. 얀 스테인, 〈암논과 다말〉(1661-1670), 83×67cm, 패널에 유화, 발라프리하르츠 미술관, 쾰른, 독일.

무척 애매한 단어다. 이스라엘을 향한 하나님의 신실한 사랑을 가리키기도 하지만, 게으름뱅이가 잠자기를 좋아하는 것, 먹기를 탐하는 것 혹은 잘못된 애정 행각이나 우상숭배를 나타내기도 한다.

플랑드르(벨기에)의 화가 얀 반 도르니케Jan van Dornicke(1470-1527)가 〈다말을 해치는 암논〉(그림 1)을 그렸다. '늘어진 비례, 과장된 자태, 부자연스러운 원근법' 등을 특징으로 하는 매너리즘 화풍을 그대로 따랐다. 상체를 다 벗고서 침대에 앉아 있는 암논에게 다말이 음식 그릇을 내민다. 하지만 암논은 음식에는 눈길 한 번 주지 않은 채 두 손으로 다말을 안으려고 한다. 이들 뒤에서 한 남자가 다른 남자를 급히 방 밖으로 쫓아내는 모습이 보인다.

네덜란드 화가 얀 스테인Jan Steen(1626-1679)이 그린 〈암논과 다말〉(그림 2)은 인물들의 표정이 다채롭다. 암논은 상의를 반쯤 벗고서 침대에 누워 다말에게 손짓한다. 자기 침대 안으로 들어오라는 암시다. 공주답게 성장盛裝한 다말의 표정에는 불안한 징후가 역력하다. 이복오빠의 손을 잡을 생각이 전혀 없다. 바닥을 향해 뻗은 손은 무언가 항의하는 것처럼 보인다. 바닥에 흩뿌려진 꽃들이 앞으로 닥쳐올 운명을 예고하는 가운데, 다말 곁에 있는 남자의 표정이 간사하다. 희희낙락한 표정으로 그녀의 팔을 잡아 암논에게 끌고 간다. 아마도 요나답일 것이다. 다윗왕의 형 시므아의 아들인 그는 암논과 친구처럼 지냈다.

요나답은 암논이 다말에게 '사랑'을 품고 있다는 걸 눈치챘다. 좋은 친구는 이럴 때 말려야 한다. 그건 사랑이 아니라 욕정이고 욕심이라고 말해 주어야 한다. 그 길로 가면 망한다고 제동을 걸어 주어야 한다. 그렇게 마음의 회로를 바꾸어 진정한 사랑을 찾도록 격려해야 한다. 하지만 요나답은 "아주 교활한 인물"(삼하 13:3)이다. 어쩌면 암논과 친하게 지낸 것도 순수한 우정 때문이 아니라 더러운 야욕 때문일 수 있다. 권력에 빌붙어 한자리 차지하고 싶은.

요나답은 암논의 욕망에 기름을 부어 준다. "왕자님은 침상에 누워서, 병이 든 체하십시오. 부왕께서 문병하러 오시면, 누이 다말을 보내 달라고 하십시오. 누이 다말이 와서 왕자님이 드실 음식을 요리하게 하면 좋겠다고 말씀하십시오. 다말이 왕자님 앞에서 음식을 요리하면, 왕자님이 그것을 보면서, 그의 손에서 직접 받아먹고 싶다고 말씀드리십시오"(삼하 13:5).

모든 계획이 일사천리로 전개되었다. 암논은 아픈 척 연기했고, 다윗은 암논을 문병하러 왔으며, 암논은 요나답이 시키는 대로 다윗에게 요청했다. 이 대목에서 다윗의 역할이 미비한 게 못내 애석하다. 궁궐 수라간을 맡은 솜씨 좋은 요리사도 많은데 굳이 누이를 부를 일이 뭐 있냐고 타일렀으면 좋았을 터다. 아니 남매끼리 그 정도 정은 나눌 수 있다고 치자. '제가 보는 앞에서 요리한 걸 직접 먹여 주게' 해 달라는 요청은 너무 심하지 않나 의심했어야 한다. 이건 뭐 관음증 환자도 아니고, 변태스러운 요구가 아닌가 말이다.

바로크 시대의 이탈리아 화가 조반니 도메니코 체리니Giovanni Domenico Cerrini(1609-1681)가 다음 장면을 그렸다(그림 3). 암논은 상반신을 탈의했다. 한 손으로 다말이 요리한 음식 그릇을 들고서, 다른

그림 3. 조반니 도메니코 체리니, 〈암논과 다말〉(?) 157×115cm, 캔버스에 유화, 개인 소장.

손으로 그녀를 우악스럽게 낚아챈다. 온 힘을 다해 거부하는 다말 뒤로 어렴풋하게 남자의 실루엣이 보인다. 그는 한 손가락을 입에 대고서 다말에게 침묵을 강요한다. 누구일까? 다말의 친오빠 압살롬일 거다. '그 일'이 있고 나서 압살롬은 다말을 찾아가 "얘야, 암논도 네 오라비이니, 지금은 아무 말도 입 밖에 내지 말아라"(삼하 13:20)고 말하며, 자신의 집에 감금했다. 친누이가 성폭력을 당했는데도 이 사건을 구실로 암논을 제거할 계략에 정신이 팔렸다.

다말은 용감했다. 모두가 제정신이 아닌 상황에서 홀로 멀쩡했다. "이렇게 하지 마십시오, 오라버니!" 당당히 거부 의사를 밝히고 폭력에 저항했다. 힘이 부족해 결국 폭력을 당하고도 침묵하지 않았다. 집 밖, 곧 공공장소로 나가 "머리에 재를 끼얹고, 입고 있는 색동 소매 긴 옷도 찢고, 손으로 얼굴을 감싼 채로, 목을 놓아 울면서"(삼하 13:19) 성폭력을 당한 사실을 만천하에 폭로했다.

프랑스 아카데미즘 화가 알렉상드르 카바넬의 〈다말과 압살롬〉(그림 4)은 불편하다. 이국적인 화풍 속에 에로틱한 분위기가 가득하여, 춘화라고 해도 믿겠다. 압살롬의 허벅지 위에 엎드린 다말의 자태는

그림 4. 알렉상드르 카바넬, 〈다말과 압살롬〉(1875), 240×180cm, 캔버스에 유화, 개인 소장.

그에게 유명세를 안겨 준 〈비너스의 탄생〉을 떠올리게 한다. 여염집 아낙네가 아니라 신화 속 여신이라는 핑계로 숱한 남성들이 벌거벗은 여체를 '편하게' 음미했지만, 당대의 지성 에밀 졸라는 달랐다. 여성의 육체가 음식이냐며 핏대를 세웠다.

다시 〈더 글로리〉 이야기를 보태자. 문동은의 손에는 악마의 나팔꽃이 쥐어져 있다. 그런데 나는 궁금하다. 너무 쉽게 용서를 남발하는 '천사표' 기독교인들에게 묻고 싶다. 하늘을 향해 나팔을 분다고 다 사악한 걸까? 하나님이 그들을 정말 건방지게 보실까? 나팔꽃이 웃는다. 어리석은 나는 그 답을 모르겠는데 자기는 안다는 듯이.

11. 이것은 누드 그림이 아니다

수산나

요즘 젊은이들에게 여성이 독립적인 개체로 존중받지 못하던 시절이 있었다고 하면 코웃음을 친다. 20대 남자 청년들에게 또래 여성은 부족한 일자리를 놓고 피 터지게 싸우는 경쟁자일 뿐, 그 이상도 이하도 아니다. 장애인과 여성, 비정규직과 난민을 향해 '공정'을 외치며 '역차별'을 호소하는 이른바 '이대남(20대 남성)'들은 알까? 미국에서조차 1970년대 초반까지만 해도 여성이 은행에 가서 자기 이름으로 신용카드를 만들거나 대출을 받을 수 없었다는 사실!

미국 연방대법관을 지낸 루스 베이더 긴즈버그Ruth Bader Ginsburg의 업적은 이루 헤아릴 수 없다. 유대인·기혼·여성으로서 온갖 편견과 차별을 뚫고 판사가 된 그녀는 자신이 획득한 권력으로 약자들의 권리 향상을 위해 애썼다. 그중 눈길을 끄는 건 여성도 자신의 신용만으로 카드를 만들 수 있게 규정한 '평등 신용 기회법'을 관철한 일이다. 어디 여성뿐이랴? 인종, 피부색, 종교, 국적, 성별, 나이, 혼인 상태 등에 기반해 신용거래를 차별하는 모든 행위가 불법이라고 천명했다. 이 법이 제정된 게 1974년의 일이니, 그 이전까지만 해도 미국 여성의 처지가 참 심란했겠다.

성서 시대의 여성에게 인권이 없는 건 어찌 보면 당연한 일이다. 십계명의 열 번째 계명에서 '아내'는 '남종', '여종', '소', '나귀'와 나란히 집안의 재산 목록 중 하나로 호명된다. 아내든 딸이든 어머니든 모든 여성은 단지 남성의 소유물에 불과했다. 여성을 상대로 성폭력이 일어난들, 당한 사람만 억울하지, 저지른 사람은 얼마든지 처벌을 면할 수 있었다.

두 남자가 벌거벗은 여자를 훔쳐 본다. 그런 줄도 모르고 여자는 한창 목욕에 빠져 있다. 거울 속 자기 얼굴을 들여다보느라 음탕한 남자들의 시선을 살필 겨를이 없다. 머리 장식이며 귀걸이, 팔찌 따위가 그녀의 신분을 짐작하게 한다. 이탈리아 베네치아 회화의 거장 틴토레토Tintoretto(1518-1594)가 그린 〈목욕하는 수산나〉(그림 1)다. 몇

그림 1. 틴토레토, 〈목욕하는 수산나〉 (1555), 146×194cm, 캔버스에 유화, 역사박물관, 비엔나, 오스트리아.

그림 2. 틴토레토, 〈수산나와 장로들〉(1560), 167×238cm, 캔버스에 유화, 루브르박물관, 파리, 프랑스.

그림 3. 루벤스, 〈수산나와 장로들〉(1607-1608), 94×66cm, 캔버스에 유화, 보르게세미술관, 로마, 이탈리아.

년 뒤에 다시 그린 〈수산나와 장로들〉(그림 2)에서는 하녀 두 명을 더 그려 넣었다. 한 사람은 머리를 다듬고 다른 한 사람은 발톱을 손질한다. 몰래 숨어서 보고 있는 두 남자가 없다면 춘화春畫로 착각하겠다. 벌거벗은 채 정면을 바라보는 여자의 두 볼이 발그레하다.

17세기 바로크를 대표하는 벨기에 화가 페테르 파울 루벤스Peter Paul Rubens(1577-1640)도 이 주제를 다뤘다. 그가 그린 〈수산나와 장로들〉(그림 3)은 역동적이다. 하녀들은 온데간데없고 어느 틈에 두 남자가 여자에게 다가와 완력을 행사하려고 한다. 여자는 놀란 눈으로 그들을 쳐다본다. 벗은 몸을 감추기 위해 손으로 옷을 끌어당겨 보지만 소용이 없다. 그녀의 등 뒤에서 손가락을 입에 댄 남자가 "지금 여기에는 우리밖에 없다, 소리쳐 봐야 소용없다, 입 다물어라"라고 말하는 듯이 보인다. 매부리코를 가진 남자는 두 손을 가슴에 모으고 열렬히 그녀의 육체를 탐한다.

이탈리아 볼로냐 화파를 대표하는 게르치노도 〈수산나와 장로들〉(그림 4)을 그렸다. 틴토레토와 루벤스를 섞기라도 하듯이 두 관점이 한 화폭에 담겼다. 이 그림에서 여자는 목욕에 열중한다. 두 장로의 존재를 전혀 의식하지 못한 채 자신의 다리를 닦고 있다. 대리석처럼 하얀 피부가 눈길을 끈다. 반면에 두 남자는 매우 적극적이다. 앉아 있는 남자의 시선이 여자의 벗은 몸에 꽂힌다. 서 있는 남자의 시선과 손가락은 의뭉스럽기 그지없다. 이번에는 여자를 향해서가 아니라 관객을 향해 '쉿' 하고 말하는 것 같다. 지금 자기들이 하려는 일에 공모하라는 모종의 암시일까?

그림 4. 게르치노, 〈수산나와 장로들〉(1617), 176×208cm, 캔버스에 유화, 프라도 미술관, 마드리드, 스페인.

그림 5. 젠틸레스키, 〈수산나와 장로들〉 (1610), 170×119cm, 캔버스에 유화, 바이젠슈타인성, 뮌헨, 독일.

바로크 유일의 여성 화가 아르테미시아 젠틸레스키가 이 주제를 피할 리 없다. 그녀가 그린 〈수산나와 장로들〉(그림 5)에서는 여자의 싫은 표정과 거부하는 몸짓이 돋보인다. 이에 아랑곳없이 두 남자는 위에서 여자를 제압한다. 한 남자는 여자를 향해 입을 다물라고 압박하고, 다른 남자는 그 남자의 귀에 대고 뭔가를 속삭인다. 아마도 완전범죄를 기획하느라 전략을 짜는 모양이다. 이 여자의 운명은 어찌 될까? 필경 수산나라는 이름을 지녔을 이 여자는 대체 누구인가?

요즘은 누드화를 쉽게 볼 수 있지만, 중세 때까지만 해도 누드는 금기였다. 그러다가 르네상스 시대가 열리면서 고대 그리스 미술에 대한 향수가 불타 올랐다. 고대 비너스 조각을 본떠 비너스 여신을 그린 누드화가 인기를 끌었다. 1대 1.618의 황금 비율을 자랑하는 비너스의 아름다운 몸이 누드화의 표준으로 자리 잡았다. 하지만 마냥 신화나 전설 속 인물만 그릴 수는 없었다. 그렇다고 해서 일반인의 누드화를 그리기에는 시대적 분위기가 아직 무르익지 않았다. 그 틈새를 메운 게 성서 속 인물이다. 남성이 대부분인 화단에서 성서의 여성, 그것도 성폭력의 희생양이 된 여성들이 누드화의 단골 소재로 떠올랐다.

그 첫 타자가 수산나이다. 수산나는 다니엘서 외경에 등장한다. 바빌로니아 포로기 때 바빌로니아에 살던 부유한 명망가 요아킴의 아내로 용모가 무척 아름다웠다. 요아킴의 집에는 백성의 지도자를 자처하는 장로들과 재판관들이 수시로 드나들었는데, 그들 중 두 장로가 수산나에게 흑심을 품었다. 어느 무더운 날, 손님들이 모두 돌야간 다음에 수산나가 정원에서 목욕을 즐기던 중, 일이 터지고야 말았다. 몰래 숨어 있던 두 장로가 수산나를 덮치려고 접근한 것이다.

'수산나와 장로들' 도상은 이렇게 탄생했다. 반드시 두 노인과 벌거벗은 여인이 등장한다. (남성) 화가들의 붓끝에서 이 이야기는 마음대로 각색되었다. 대체로 (남성) 관객의 관음증을 충족시키기 위한 목적으로 말이다. 이 목적에서 일탈을 감행하는 건 젠틸레스키가 거의 유일하다. 그녀의 시선은 가해자를 고발하고 피해자를 옹호한다.

그렇다면 정작 성서는 어떤가? 탐정 다니엘이 해결사로 등장한다. 논리적인 추리와 추궁 끝에 수산나의 억울함을 밝히고 두 장로를 처벌하는 데 앞장선다. 그런데도 왜 마음이 무거울까? 성서 밖의 현실에서는 다니엘을 만나기 어려운 까닭이다. 피해자를 향해, 약자를 향해 유독 날카로운 이빨을 들이대는 우리네 풍토가 못내 슬프다.

12. 이토록 잔혹한 생일잔치라니

살로메

한자로 연회宴會라 부르든 영어로 파티party라 부르든, 잔치는 흥겹다. 누군가의 잔치에 초대받으면, 괜히 설레고 기분이 좋아진다. 하지만 모든 잔치가 꼭 그런 건 아니다. 피비린내 물씬 풍기는 무서운 잔치도 있다. 복음서에 등장하는 헤롯왕의 생일잔치가 그런 경우다.

르네상스 화가 베노초 고촐리Benozzo Gozzoli(1420-1497)가 그린 〈헤롯왕의 연회와 세례자 요한의 참수〉(그림 1)를 보자. 헤롯왕 앞에서 치맛자락을 휘날리며 춤추는 소녀의 모습이 역동적이다. 그러나 자세히 살펴보면, 그 장면만 있는 게 아니다. 소녀가 춤을 춘 다음에 벌어지는 일들, 곧 세례자 요한이 참수당하고, 그 목을 소녀가 자기 어머니 헤로디아에게 바치는 장면까지 모두 담겨 있다. 역시 프라 안젤리코Fra Angelico의 제자답게 고촐리도 하나의 작품 안에서 어떤 사건의 연속적 전개를 다 보여 주고 싶은 욕망이 강했던 듯싶다.

얼마나 대단한 춤이었기에 헤롯왕이 "그 소녀에게 청하는 것은 무엇이든지 주겠다고 맹세"(마 14:7)했을까? 화가들의 상상력은 이 대목에서 날개를 단다. 프랑스의 상징주의 화가 귀스타브 모로Gustave Moreau(1826-1898)의 〈유령〉(그림 2)은, 제목만 보면 참수당한 세례 요한이 주인공일 것 같지만, 화면을 장악하는 건 어디까지나 춤추는 여인이다. '소녀'라고 하기에는 지나치게 농염한 그녀는 옷을 거의 걸치지 않았다. 보석이 가득 박힌 왕관만 없다면, 거리의 매춘부라고 해도 믿을 정도다. 프랑스 역사화가 조르주 로슈그로스Georges Rochegrosse(1859-1938)의 〈헤롯왕 앞에서 춤추는 살로메〉(그림 3)도 비슷하다. 상반신이 훤히 드러난 옷차림으로 다분히 유혹적인 춤사위를 펼친다. 이 그림 속의 살로메는 화가의 취향대로 이집트의 클레오파트라를 닮았다.

그런데 이상하다. 성서에는 헤롯과 헤로디아의 이름만 언급될 뿐, 소녀의 이름이 생략되어 있는데, 화가들이 어찌 알고 살로메라 부르는 것일까? 유대인 역사가 요세푸스의 기록 덕분이다. 헤롯왕의

그림 1. 베노초 고촐리, 〈헤롯왕의 연회와 세례자 요한의 참수〉(1461-1462), 템페라화, 23.8×34.5cm, 내셔널 아트 갤러리, 워싱턴, 미국.

그림 2. 귀스타브 모로, 〈유령〉(1876), 수채화, 106×72.2cm, 오르세 미술관, 파리, 프랑스.

그림 3. 조르주 로슈그로스, 〈헤롯왕 앞에서 춤추는 살로메〉(1887), 유화, 104×165cm, 조슬린 미술관, 오마하, 미국.

생일잔치에서 춤춘 헤로디아의 딸 이름을 그이가 살로메라고 적어 놓았다. 나아가 1890년대 초 런던의 가장 유명한 극작가 중 하나였던 오스카 와일드Oscar Wilde(1854-1900)의 희곡《살로메》가 세상에 나오자, '헤로디아의 딸'은 급기야 '소녀'에서 '악녀'로 둔갑했다. 세례 요한을 흠모한 까닭에 사랑이 증오로 변하여 복수의 칼을 갈게 된 여자 말이다. 독일 화가 프란츠 폰 슈투크Franz von Stuck(1863-1928)의 〈살로메〉(그림 4)와 오스트리아 화가 구스타프 클림트의 〈유디트 II: 살로메〉(그림 5)가 그런 광기 어린 춤사위를 재현하고 있다.

그렇다면 성서의 살로메는 어떤 인물이었을까? 어머니의 사주에 못 이겨 의붓아버지인 헤롯왕 앞에서 그를 "즐겁게"(마 14:6) 할 요량으로 춤추어야 했던 소녀의 마음은 어땠을까? 이 헤롯의 정확한 이름은 헤롯 안디바(안티파스). 예수가 태어나던 때에, "베들레헴과 그 가까운 온 지역에 사는, 두 살짜리로부터 그 아래의 사내아이를 모조리 죽"(마 2:16)이라고 명령한 헤롯대왕의 아들로, 예수가 활동하던 시기에 갈릴리를 다스렸다.

그는 갈릴리 호수 서쪽 지역을 개발해 '디베랴(티베리아스)'를 건설

그림 4. 프란츠 폰 슈투크, 〈살로메〉 (1906), 유화, 115.5×62.5cm, 렌바흐 미술관, 뮌헨, 독일.

그림 5. 구스타프 클림트, 〈유디트 II: 살로메〉(1909), 유화, 178×46cm, 카 페사로 현대미술관, 베네치아, 이탈리아.

하는 등 야심 찬 통치를 이어 나갔다. 급기야 갈릴리 호수의 이름을 '디베랴'로 바꾸기까지 했다. 이 도시의 이름에서 갈릴리 주민들은 당연히 로마제국의 '티베리우스' 황제를 떠올렸을 것이다. 갈릴리에 로마식 왕궁, 로마식 원형경기장, 로마식 신전들이 속속 들어설 때마다 갈릴리 주민들이 강제 동원되었으리라는 사실은 굳이 말할 필요가 없다. 헤롯 왕조가 로마제국의 충견을 자처하는 모습에 욕지기가 터져 나왔을 터.

미운 놈은 미운 짓만 하기 마련이라던가? 헤롯 안디바를 향한 민심에 불을 지르는 사건이 터지고 말았다. 그가 이복형제 헤롯 빌립의 부인을 자기 아내로 취한 것이다. 아무리 분봉왕分封王이어도 명색이 통치자인데 처첩을 여럿 거느리는 게 뭐 그리 큰 흠이겠는가마는, 이 경우는 좀 다르다. 율법에 어긋난 결혼이기 때문이다.

복잡하고 긴 이야기를 짧게 줄이면 이렇다. 헤롯 안디바로서는 자기를 낳아 준 어머니 말다케가 사마리아 출신이어서 지지 기반이 취약하다는 콤플렉스를 덮을 요량으로 정통 유대인 제사장 가문의 피가 흐르는 하스모니아 왕가의 헤로디아가 필요했다. 반면에 헤로디아로서는 분봉왕의 반열에 오르지 못한 남편 대신에 헤롯 안디바를 붙잡는 것이 자신의 권력욕을 충족시키는 방편이었다. 그렇게 이 둘의 결혼은 철저히 정치적 셈법에 따른 야합이었다는 말이다.

이처럼 추악한 헤롯 왕가의 비밀을 만천하에 드러내면서 대놓고 비판한 이가 세례자 요한이다(마 14:4 참고). 그는 예언자계의 전설 '엘리야'를 연상시키는 행색으로 유명했다. 좋은 의미의 보수주의자답게

그림 6. 안드레아 솔라리오, 〈세례 요한의 머리를 들고 있는 살로메〉(1507-1509), 유화, 57.2×47cm, 메트로폴리탄 미술관, 뉴욕, 미국.

그림 7. 대 루카스 크라나흐, 〈살로메〉 (1530), 유화, 87×58cm, 부다페스트 미술관, 부다페스트, 헝가리.

목에 칼이 들어와도 할 말은 하고야 마는 고집쟁이였다. 헤롯 안디바가 헤로디아를 취한 것이 율법 위반이며, 특히 레위기 20장이 정한 '사형에 해당하는 죄'라고 폭로했다. 이제 그가 차린 요단강 캠프는 순전히 종교적 의미만 띨 수 없었다. 헤롯 안디바가 그를 붙잡아 감옥에 가둔 데는 이렇게 '도둑이 제 발 저린' 정황이 깔려 있었다.

어쩌면 헤롯도 요한을 단칼에 제거하고 싶었을 것이다. 하지만 "민중이 두려워서"(마 14:5) 참고 있었다. 이 마음에 불을 지른 게 헤로디아다. 그녀는 자기 딸을 이용하기로 마음먹는다. 어쩌면 살로메를 바라보는 남편의 눈길에서 이미 야릇한 욕정을 읽었는지도 모를 일이다. 그렇게 살로메는 헤로디아의 욕망에 포획되어 희생 제물로 소비되었다.

르네상스 화가 안드레아 솔라리오Andrea Solario(1460-1524)의 〈세례 요한의 머리를 들고 있는 살로메〉(그림 6)를 보면, 살로메의 표정이 어딘가 슬퍼 보인다. 대 루카스 크라나흐Lucas Cranach(1472-1553)가 〈살로메〉(그림 7)를 엽기적인 악녀로 묘사한 것과 대조적이다. 우리의 눈은 어느 화가와 닮았을까? 부패한 권력이 아무에게나 야만적인 폭력을 내두를 때, 나의 발톱은 희생자를 할퀴고 있지 않은가?

13. 저주받은 땅, 낙인찍힌 여자

사마리아 여인

공간이 추상이라면 장소는 구상이다. 구체적인 장소마다 인간의 경험과 기억 그리고 감정이 개입된다. 보기를 들어, 아무개가 평양에서 왔다고 하면 어떤가? 과거에는 간첩이라 했다. 요새는 탈북자 혹은 새터민이라 부르지만, 여전히 감정이 곱지 않다. 분단의 상처가 서로를 할퀴는 곳, 오늘 대한민국의 역사 공간이다.

성서에서는 사마리아가 그런 장소다. 이스라엘 역시 남북 분단을 겪었다. 한 민족, 두 나라로 나뉘어 서로 으르렁대다가 각각 멸망의 길을 길었다. 먼저 망한 건 북왕국(이스라엘). 고대 서남아시아에서 최강 부대를 자랑하던 아시리아(앗수르) 제국이 북왕국에 쳐들어왔다. 대부분 지역이 점령당하고 수도 사마리아만 간신히 숨통을 이어 나갔다. 북왕국 왕 호세아는 아시리아에 조공을 바치며 안심시키는 척하다가 기회를 틈타 이집트에 원군을 요청했다. 화가 난 아시리아는 대군을 몰고 와 사마리아마저 무너뜨렸다. 거기 살던 주민들을 아시리아로 강제 이주시킨 뒤, 아시리아 주민들을 데려와 사마리아에서 살게 했다(왕하 17:24).

극적으로 사마리아에 남아 있던 주민들은 어쩔 수 없이 정복자들과 어울려 살 수밖에 없었다. 그 과정에서 정복자들이 식민지 여성을 강간하는 일이 다반사로 벌어졌다. 순혈주의에 집착하는 유대인들은 이를 용납하지 않았다. 남왕국 주민들의 눈에 북왕국 사람들은 더 이상 거룩한 선민選民일 수 없었다. 그들은 이방인의 피가 섞인 사마리아 사람들을 이방인보다 더 더럽게 여겼다. 이런 분위기가 거의 500년이나 계속 이어졌다. 사마리아는 저주받은 땅이 되고 말았다.

그런 곳에 예수가 왔다(요 4:5). 거룩한 '하나님의 아들'이 불결한 땅을 밟았다. 안 그래도 '종교 경찰' 노릇을 자임하는 바리새파 사람들이 예수 일당을 예의 주시하던 차였다. 세례자 요한을 따르는 무리보다 예수를 따르는 무리가 더 많아졌기 때문이다. 제사장 아들 출신인 요한은 체제를 위협하는 골칫거리였다. 예루살렘 성전을 대놓고

그림 1. 얀 유스트, 〈그리스도와 사마리아 여인〉(1508), 86×107cm, 패널에 유화, 성 니콜라이 교회, 칼카르, 독일.

그림 2. 루카스 크라나흐, 〈그리스도와 사마리아 여인〉(1525-1537), 105×157cm, 캔버스에 유화, 조형예술박물관, 라이프치히, 독일.

비방하며 요단강에서 세례를 베풀었다. 면허증 없이 운전하는 꼴이었다. 그런데 뜬금없이 예수라는 인물이 나타나더니 세례자 요한의 인기를 능가해 버렸다. 예수를 따르는 사람들이 눈덩이처럼 불어났다. 어떻게든 손을 쓰지 않으면 혼란을 막을 수 없다고 벼르던 참이다. 그런데 사마리아라니! 게다가 남녀가 유별한 터에 여자와 말을 섞다니(요 4:9, 27)!

네덜란드 화가 얀 유스트Jan Joest(1450-1519)의 그림을 보자(그림 1). 이 장소의 배경이 사마리아라는 걸 모르고 보면 평화롭기 그지없다. 예수는 우물가에 앉아 있고, 여인은 물을 길어 항아리에 붓고 있다. 예수 시대에 저토록 정교하게 만들어진 도르래가 있었을까마는, 두레박의 물이 항아리 입구에 부딪혀 방울로 떨어지는 모양까지 섬세하게 잡아낸 솜씨가 혀를 내두르게 한다. 예수의 머리 뒤편으로는 수가성도 보이고 그리심산도 보인다. 여인의 머리 뒤편에는 먹을거리를 구해 오는 제자들이 있다. 그들은 지금 무슨 대화를 나누는 중일까? 여인의 옷차림은 화가가 살던 시대의 패션인 듯한데, 머리 장식이 독특하다. 화가는 붉은색 치마로 여인의 욕망을 드러냈다.

그림 3. 카를 하인리히 블로흐, 〈우물가의 여인〉(1872), 92×104cm, 구리에 유화, 프레데릭스보르그 성 국립역사박물관, 힐레뢰드, 덴마크.

그림 4. 성녀 포티니, 동방정교회 이콘.

종교개혁가 마르틴 루터의 절친으로 유명한 루카스 크라나흐도 비슷한 그림을 남겼다(그림 2). 예수와 여인의 자리만 바뀌었을 뿐, 전체 구도는 얀 유스트와 비슷하다. 자리가 바뀐 탓에, 사마리아 성전이 여인의 뒤편에 놓였다. 예수의 뒤로는 제자들이 서 있는데, 아무리 세어도 열한 명이다. 화가가 일부러 가룟 유다를 빼 버린 걸까? 그림 아래쪽에는 전혀 상관없는 인물들이 배치돼 있다. 비텐베르크가 속한 작센의 제후 '프리드리히 현공Friedrich der Weise(1486-1525)' 가족이다. 크라나흐가 하필 이 그림을 그에게 헌정한 이유는 무엇일까?

덴마크 화가 카를 하인리히 블로흐Carl Heinrich Bloch(1834-1890)의 그림은 어딘가 익숙하다(그림 3). 이런 식으로 예수를 유럽 남자처럼 묘사한 그림들이 우리의 기독론을 호도한 건 유감이지만 봐주자. 블로흐는 구교와 신교 간의 갈등이 전쟁으로 번지던 시기에 칼뱅을 따르던 개신교 중심지에서 성화를 그렸다. 종교개혁 이후 개신교가 '오직 말씀'을 부르짖을 때, 성화에 갈증을 느끼던 개신교 대중은 이탈리아에서 배워 온 그의 성서화를 환영했다. 이 그림에서 예수는 붉은색 옷을 입고 있다. 구교 화가들이 주로 쓰던 전략이다. 인류가 최초로 발견한 색, 불의 색이자 피의 색인 붉은색은 예수의 사랑과 고난을 상징하는 색으로 제격이었다. 눈길을 끄는 건 사마리아 여인의 수수한 옷차림이다. 그녀를 '창녀'가 아니라 평범한 여염집 아낙네로 그린 게 전복적이다.

마지막 그림은 낯설다(그림 4). 복음서에서 익명으로 처리된 그녀가 '포티니'라는 이름을 달고 등장한다. 동방정교회 전통에 '성녀 포티니St. Photini' 그림이 줄줄이 많다는 것도 놀랍다. 전설에 따르면 포티니는 두 아들(포테이노스, 요셉)과 다섯 자매(아나톨레, 포토, 포티스, 파라스케베, 키리아케)와 더불어 세례를 받고 전도자가 되었다. 카르타고에 살며 복음을 전하던 그녀는 로마로 가서 독재자 네로 황제에게 복음을 전하다 옥에 갇혀 순교했다고 전해진다.

사마리아 여인 이야기는 요한복음에만 등장한다. 우물가에서 예수를 만난 그녀는 '인생 질문'을 던진다. "우리 조상은 대대로 그리심 성전에서 예배를 드렸습니다. 그런데 선생님네 사람들은 하나님이 예루살렘 성전에 계시다고 하네요. 도대체 하나님은 어디에 있나요?" 이 정도 질문을 간직하고 사는 인물이라면 신학자라고 해도 과언이 아니다. 그녀가 마을 사람들에게 말한다. "오늘 내가 우물가에서 만난 분이 그리스도가 아닐까요?" 그러자 누구 하나 의심 없이 예수를 받아들인다. 이 정도 신뢰를 한 몸에 받는 인물이라면, 맞다, 민족의 지도자다.

우리의 성서 읽기가 '남편 다섯'(요 4:18)에 꽂혀서 한 발짝도 나아가지 못하는 게 슬프다. '다섯'이라는 숫자를 들으면 유대인들은 곧장 '모세 오경'을 연상한다. '주랑(또는 행각) 다섯'(요 5:2), '보리빵 다섯'(요 6:9)도 마찬가지다. 예수의 청중은 율법의 시대가 가고 복음의 시대가 왔다는 맥락에서 이 '기적'을 이해했다. 다시 말해, 율법으로는 죄인일 수밖에 없는 우리가 복음의 빛에서 새롭게 태어난 게 기적이라고. 이 기쁜 소식이 사마리아 여인을 단비처럼 적셨다. '진리와 성령'에 접속되니, 몸이 곧 성전이며 삶이 곧 예배임을 깨달았다. 그녀는 사마리아에 붙어 있던 오랜 낙인을 지우는 일에 자기를 바쳤다. 김남주의 시에 나오듯, 삼팔선이 삼팔선에만 있지 않은 이 땅에서 누가 그녀의 뒤를 따를까? 복음이 이념보다 힘이 세야 할 텐데.

14. 기본 값에 동의하지 않기

간음한 여인

컴퓨터 용어 가운데 '디폴트'가 있다. 사용자가 따로 설정하지 않은 초기 값이나 애초에 설정되어 있는 기본 값을 가리킨다. 어쩌다 여자로 태어나 보니 알겠다. 우리 사회의 디폴트는 철저히 남성이라는 것을. 그렇지 않고서야 유관순 열사가 왜 항상 '유관순 누나'로 불리는지를 설명할 길이 없다. 안중근 의사를 '안중근 오빠'라고 부르면 난

리 블루스를 출 거면서.

네덜란드 화가 피터르 더 호흐Pieter de Hooch(1629-1684)가 〈술 마시는 여자〉(그림 1)를 그렸다. 양쪽 뺨이 어느새 발그레하다. 풀어진 눈, 살짝 올라간 입꼬리, 붉은 치마 속 힘없이 뻗은 다리와 늘어진 왼팔에서 취기가 물씬 풍겨 나온다. 이쯤 되면 그만 마셔야 할 것 같은데, 검은 옷의 남자는 여자의 잔에 또 술을 따른다. 그 남자 곁에 선 나이 든 여자가 가슴에 손을 얹고 불만을 토로하지만, 아무도 그녀의 말에 귀 기울이지 않는 눈치다. 젊은 여자의 맞은편에는 모자 쓴 남자가 곰방대를 손에 든 채 이 광경을 '즐긴다.' 창문을 등지고 앉아 표정을 정확히 읽을 수 없지만, 언뜻 봐도 키득거리는 모양새다. 같은 화가가 다음 장면을 그린다면, 화폭에 무엇이 담길까?

영악하게도 화가는 이 작품 안에 힌트를 집어넣었다. 오른쪽 벽에 걸린 그림을 주목해 보라. 한 남자가 땅바닥에 글씨를 쓰고 있다. 바로 요한복음 8장의 예수다. "율법학자들과 바리새파 사람들이 간음을 하다가 잡힌 여자를 끌고 와서, 가운데 세워 놓고, 예수께 말하였다. '선생님, 이 여자가 간음을 하다가, 현장에서 잡혔습니다. 모세는 율법에, 이런 여자들을 돌로 쳐 죽이라고 우리에게 명령하였습니다. 그런데 선생님은 뭐라고 하시겠습니까?'"(요 8:3-5).

군중은 그녀에게 '현장범' 딱지를 붙였다. '간음' 도중에 잡혔다면 상대 남성도 끌려왔어야 마땅할 텐데, 어쩐 일인지 여자 혼자 잡혔다. 율법학자들과 바리새파 사람들이 현장을 덮쳤을 때, 남자는 벌써 내빼고 없었나? 아니면 예수를 음해하기 위해 설계된 작전일까?

그림 1. 피터르 더 호흐, 〈술 마시는 여자〉(1658), 60×69cm, 캔버스에 유화, 루브르박물관, 파리, 프랑스.

그림 2. 로렌초 로토, 〈그리스도 그리고 간음한 여인〉(1527-1529), 124×156cm, 캔버스에 유화, 루브르박물관, 파리, 프랑스.

어쨌거나 분명한 건 여자 혼자 죄를 뒤집어쓰고 돌에 맞아 죽을 위기에 처했다는 사실이다. 이런 건 사랑이 아니다. 간음이라기보다는 강간에 가깝다.

르네상스 화가 로렌초 로토Lorenzo Lotto(1480 무렵-1556/1557)가 그린 〈그리스도 그리고 간음한 여인〉(그림 2)을 보자. 화폭에 등장인물이 넘친다. 예수와 여자 외에도 열다섯 명의 남자가 더 있다. 마치 연극을 하듯 표정과 대사가 풍부하다. 예수 옆의 율법학자는 손가락으로 여자의 죄목을 하나하나 꼽는다. 가만 보니 눈이 멀었다. 그 옆에서 흰 두건을 쓴 바리새인은 검지를 치켜들고 눈을 부릅뜬 채로 하늘이 두렵지 않냐며 따진다.

여자의 몸에는 초록색 천이 둘러져 있다. 고대 이집트에서 초록은 부활을 상징하는 오시리스의 색이었다. 초기 기독교에서도 초록은 성령의 색으로 추앙받았다. 그러다 아랍 이슬람 문명이 초록을 '무함마드의 색, 아랍 연맹의 색'으로 선호하면서, 유럽 기독교 문화에 변화가 일었다. 초록에 공포의 이미지를 뒤집어씌워 악마의 색으로 몰기 시작했다. 로토는 이 색깔론을 자신의 그림에 그대로 적용했다. 초록색 천으로 몸을 가린 것만으로도 그녀는 이미 유죄다.

그림 3. 렘브란트, 〈그리스도 그리고 간음하다 잡혀 온 여인〉(1644), 139×375cm, 패널에 유화, 내셔널 갤러리, 런던, 영국.

호기심과 분노, 조롱과 혐오가 뒤엉킨 시선들 사이에서 여자가 고개를 꺾으며 탄식한다. 한 남자가 그녀의 머리카락을 그악스럽게 잡아당긴 바람에 비명이 새어 나왔을지도 모를 일이다. 이 모든 상황의 중심에 예수가 서 있다. 따지는 율법학자를 보며 손바닥을 펴서 앞으로 내미는데, 아마도 거부의 뜻을 담은 듯하다. 물론 눈이 먼 율법학자가 이 동작을 볼 리 없다.

바로크 화가 렘브란트도 같은 장면을 그렸다(그림 3). 네덜란드가 가톨릭 국가인 스페인에 맞서 독립전쟁을 벌이던 시기에 활발히 활동한 렘브란트는 자신의 그림에 프로테스탄트 정신을 담으려 애썼다. 이 그림도 그런 노력의 산물이다. 특이하게 2층 구조로 표현했다. 위층은 가톨릭 신앙을 대변한다. 예수의 복음보다 교종의 교리가 더 중요하다고 암시한다. 아래층은 프로테스탄트 신앙을 옹호한다. 다시 복음으로 돌아가자고 호소한다. 예수를 통해 비친 빛이 흰옷 입은 여자의 주변을 환히 밝힌다. 둘은 빛으로 연결되어 있다.

낭만파 화가 윌리엄 블레이크William Blake(1757-1827)의 그림은 제목을 모르고 보면 '간음하다 잡혀 온 여인The Woman Taken in Adultery' 같지 않다(그림 4). 하늘하늘한 흰옷을 걸치고 맨발로 서 있는 여자는 마치 비너스 여신 같다. 그런데 자세히 보면 등 뒤로 돌린 여자의 두 손이 밧줄에 묶여 있다. 그녀를 고발했던 사람들은 두 사람에게 등을 돌린 채 우르르 현장을 빠져나간다. 그러니까 블레이크는 이 구절에 꽂혔나 보다. "이 말씀을 들은 사람들은, 나이가 많은 이로부터 시작하여, 하나하나 떠나가고, 마침내 예수만 남았다. 그 여자는 그대로

그림 4. 윌리엄 블레이크, 〈간음하다 잡혀 온 여인〉(1805), 35.6×36.8cm, 종이에 석묵과 수채화, 보스턴미술관, 보스턴, 미국.

서 있었다"(요 8:9). '이 말씀'이란 "너희 가운데서 죄가 없는 사람이 먼저 이 여자에게 돌을 던져라"(요 8:7)라는 말씀이다. 여인의 눈길은 땅바닥에 뭔가를 적고 있는, 흰옷 입은 예수에게 고정되어 있다. 예수가 쓴 글을 볼 수 있는 건 오로지 그녀뿐이다.

다시 피터르 더 호흐의 그림으로 돌아가 보자. 선술집 풍경을 즐겨 그린 그의 눈에 '술 마시는 여자'가 포착되었나 보다. 그것도 낮술이다. 남자가 "비도 오는데 낮술이나 한잔할까?" 그러는 건 낭만에 속한다. 하지만 여자는 다르다. 비 오는 날 혼자 낮술 하는 여자는 사연 있는 여자처럼 치부된다. 심지어 가부장적 술 문화는 선술집에서 '혼자' 술 마시는 여자를 그냥 내버려 두지도 않는다. 여자는 기어코 남자의 테이블에 합석'당한다'. 아마 모자 쓴 남자와 웨이터로 보이는 남자 사이에 모종의 '거래'가 있었을 것이다.

더 호흐는 일명 '풍속화'라는 장르에 기대어 여자의 행실을 은연중에 흠잡는다. 앞으로 일어날 일, 이를테면 '성폭행'의 책임이 남자가 아니라 여자 쪽에 있다고 넌지시 말한다. 그 장치로 요한복음 8장을 소환했다. 정작 성경의 초점은 은혜와 자비에 맞춰져 있는데, 그의 그림은 정죄와 비난을 부추긴다.

'술 마시는 여자'만 성폭력의 대상이 되는 게 아니다. 성폭력은 술과 상관없이, 또 나이와 상관없이, 밤이고 낮이고, 집 안이고 바깥이고 언제 어디서나 일어날 수 있다. 모든 폭력이 그러하듯이, 성폭력도 피해자를 감싸고 가해자를 욕해야 맞다. 하지만 현실은 거꾸로인 경우가 많다. 여자가 '당할 만한' 짓을 했다고 넘겨짚는다. 그렇게 여자를 두 번 죽인다. 이제 예수가 땅바닥에 쓴 글을 읽은 유일한 증인인 그녀에게 물을 차례다. 내가 들은 답은 이거다. "죄가 있다면, 남성이 디폴트인 세상에 태어났다는 것. 하나님 나라는 그런 세상에 동의하지 않는 데서부터 시작된다."

15. 나를 만지지 말라?

막달라 마리아

복음서마다 부활 기사가 조금씩 다르다. 이 다름은 틀림이 아니다. 오히려 복음서라는 장르의 성격을 명확히 드러낸다. 그러니까 복음서는 '신문'이 아니라 '신학'이라는 말이다. 마태복음의 부활 기사와 마가복음의 기사 내용이 서로 다르다고 하여, 어느 한쪽만 사실이고 나머지는 거짓이라는 식으로 치부하면 잘못이다. 그저 각각의 복음서가 강조하는 신학이 다를 뿐.

그런 와중에 사복음서가 똑같이 호명하는 인물이 있다. 바로 막달라 마리아. 안식일이 지나고 이레의 첫날 이른 새벽에 예수의 무덤을 찾아간 여인이다. 남성 제자들은 일찌감치 스승을 버리고 도망쳤다. 하지만 이 여성은 끝까지 남아 '의리'를 지켰다. 얼마나 위대한 제자인가! 그런데 무덤에 가 보니 무덤 어귀를 막은 돌이 옮겨져 있었다. 빈 무덤! 대체 무슨 일이 일어난 걸까?

여기서부터 변주가 시작된다. 가장 먼저 기록된 마가복음에는 막달라 마리아와 야고보의 어머니 마리아와 살로메가 함께 무덤으로 갔다고 나온다.

> 그 여자들은 무덤 안으로 들어가서, 웬 젊은 남자가 흰옷을 입고 오른쪽에 앉아 있는 것을 보고 몹시 놀랐다. 그가 여자들에게 말하였다. "놀라지 마시오.… 그는 여기에 계시지 않소"(막 16:5-6).

마태복음에는 막달라 마리아와 다른 마리아가 무덤을 보러 갔고, 무덤의 돌을 옮긴 이는 '천사'이며, 그 천사가 여자들에게 "두려워하지 말아라. … 그는 여기에 계시지 않다"(마 28:5-6)라고 말한 것으로 보도한다. 누가복음은 "갈릴리에서부터 예수를 따라다닌 여자들"이 무덤에 갔는데, "눈부신 옷을 입은 두 남자"가 나타나 "그분은 여기에 계시지 않고 살아나셨다"(눅 24:6)라고 말한다.

요한복음은 공관복음과 결이 다르다. 막달라 마리아만 단독으로

그림 1. 조토 디본도네, 〈놀리 메 탄게레〉
(1304-1306), 200×185cm, 프레스코화,
스크로베니 채플, 파도바, 이탈리아.

등장한다. 빈 무덤을 발견한 그녀는 시몬 베드로와 '예수께서 사랑하시던 다른 제자(요한)'에게 달려가 이 사실을 알린다. 그들도 앞서거니 뒤서거니 달려가 빈 무덤을 확인하고는 "자기들이 있던 곳으로 다시 돌아갔다"(요 20:10). "아직도 그들은 예수께서 죽은 사람들 가운데서 반드시 살아나야 한다는 성경 말씀을 깨닫지 못하였"(요 20:9)던 것이다. 홀로 남은 마리아는 "무덤 밖에 서서 울고 있었다. 울다가 몸을 굽혀서 무덤 속을 들여다보니, 흰옷을 입은 천사 둘이 앉아 있었다"(요 20:11-12). 천사들이 왜 우냐고 묻는다. 마리아가 대답한다. 누가 우리 주님을 가져갔는데, 어디에 두었는지 모르겠다고.

이렇게 말하고 뒤로 돌아서는데, 이번에는 '동산지기'처럼 보이는 이가 다시 묻는다. 왜 우냐고. 마리아는 지푸라기라도 잡는 심정으로 간절하게 애원한다. "여보세요, 당신이 그를 옮겨 놓았거든, 어디에다 두었는지를 내게 말해 주세요. 내가 그를 모셔 가겠습니다"(요 20:15). 이때 그 '동산지기'가 마리아의 이름을 부른다. "마리아야!" 그 순간 마리아는 그가 예수이심을 깨닫고 "라부니(선생님)!"라고 부른다. 그러자 예수께서 마리아에게 말씀하신다. "내게 손을 대지 말아라. 내가 아직 아버지께로 올라가지 않았다…"(요 20:17). 이쯤 되면 요한복음이 왜 '여성의 복음'으로 불리는지 알 만하다. 관점은 둘째 치고, 묘사에서 섬세하기가 이를 데 없다. 읽는 내내 오감이 자극된다. 이러니 화가들이 편애하는 것도 당연지사.

"내게 손을 대지 말아라"라는 예수의 말씀을 라틴어로 옮기면, "놀리 메 탄게레*Noli me tangere*"가 된다. 수많은 화가가 똑같은 제목의 그림을 그렸다. 여전히 중세의 흔적이 완연한 조토 디본도네Giotto di Bondone(1267-1337)의 〈놀리 메 탄게레〉(그림 1)를 보자. 한 천사는 예수의 주검이 놓여 있던 자리 머리맡에 앉아 있고, 다른 천사는 발치에 앉아 있다. 왼쪽 아래로는 잠에 취해 널브러진 로마 병사들의 모습이 보이고, 그 옆에는 막달라 마리아가 예수를 붙잡으려고 안간힘을 쓴다. 그런 마리아에게 예수는 "나를 만지지 말라"며 외면하는데, 옷차림이 천사와 비슷하다. 손등과 발등의 못 자국이 그가 십자가에 달려 죽었음을 증언하는 한편, 손에 든 승리의 깃발은 죽음을 이기고 부활했음을 보여 준다. 오른쪽 가장자리에 자리한 예수는 금방이라도 화면 밖으로 걸어 나갈 것만 같다. 두 천사와 예수 그리고 마리아의 머리에는 후광이 씌워져 있어서 이들의 성스러움을 한껏 강조한다.

르네상스 시기의 프라 안젤리코의 〈놀리 메 탄게레〉(그림 2)에는 천사가 없다. 대신에 수수한 수의를 걸친 예수가 삽자루를 들고 서 있는 게 눈에 띈다. 예수의 머리에도, 마리아의 머리에도 후광이 씌워져 있는 건 조토와 마찬가지. 그런가 하면, 베네치아 화파를 이끈 티치아노Vecellio Tiziano(1488?-1576)의 작품(그림 3)에서는 아마포를 대충 휘감은 예수가 호미를 들고 서 있다. 머리에 후광이 없어서, 오른쪽

그림 2. 프라 안젤리코, 〈놀리 메 탄게레〉 (1440-1442), 166×125cm, 프레스코화, 산 마르코 수도원, 피렌체, 이탈리아.

그림 3. 베첼리오 티치아노, 〈놀리 메 탄게레〉(1511-1512), 109×91cm, 캔버스에 유화, 내셔널 갤러리, 런던, 영국.

발등에 선명히 남은 못 자국을 눈여겨보지 않으면, 그리스나 로마 신화의 주인공으로 오해할 법도 하겠다. 이들 작품에서 예수가 삽이나 호미 따위를 들고 있는 건, 화가들이 요한복음에만 등장하는 '동산지기'에 꽂힌 까닭이다.

그런데 무덤을 찾아온 여인치고는 막달라 마리아가 입은 옷이 지나치게 붉다! '성모' 마리아를 그릴 때는 파란색 옷을 즐겨 입힌 화가들이 막달라 마리아에게는 같은 색을 허락지 않았다. 특히 티치아노는 주름이 풍성한 흰 블라우스에 붉은 치마를 그렸는데, 이 옷차림은 당시 '코르티잔'이라고 불린 베네치아의 고급 매춘부들이 즐겨 입던 것이다. 하면 '성녀' 마리아를 그릴 때조차 '창녀'의 그림자를 지우지 못했단 말인가?

교황 그레고리우스 1세(주후 590-604 재위)가 그녀를 '창녀'로 공식 선언한 이래, 정정 보도가 나오기까지는 무려 1500년의 세월이 필요했다. 하지만 원래 '가짜 뉴스'의 수명은 오래가는 법. 로마 가톨릭 교회가 1969년에 '막달라 마리아=창녀'의 등식을 공식 철회했지만, 1971년에 나온 브로드웨이 뮤지컬 〈지저스 크라이스트 슈퍼스타〉에서도 막달라 마리아는 어김없이 '창녀'로 등장했다. 예수와 '죽음도 갈라놓지 못한 사랑'을 나눈 그녀는 이렇게 교회 안팎에서 '성녀이자 창녀' 이미지를 동시에 지닌 채 어정쩡하게 소비되고 있다. 더욱 곤혹스러운 사실은 이러한 정체성 분열이 그녀에게만 적용되지 않는다는 것. '참 제자'로 살기가 이리 어려워서야!

16. 털북숭이 마리아를 아십니까?

베다니 마리아

'털북숭이'라고 하면 흔히 남성을 떠올린다. 여성의 온몸이 털로 뒤덮여 있는 모습을 상상하기란 쉽지 않다. 그렇다면 이 작품은 어떤가? 온몸이 털로 뒤덮인 여성을 천사들이 하늘로 들어 올리고 있다. 폴란드 토룬 구시가지에 있는 성 요한 대성당에 걸린 〈막달라 마리아의 승천〉(그림 1)이다. 바르샤바 국립미술관에 걸린 그림도 똑같다

그림 1. 작자 미상, 〈막달라 마리아의 승천〉, 성 요한 대성당, 폴란드.

그림 2. 작자 미상, 〈막달라 마리아의 승천〉, 바르샤바, 폴란드.

그림 3. 도나텔로, 〈참회하는 막달라 마리아〉(1455), 188cm, 나무, 두오모 오페라 박물관, 피렌체, 이탈리아. CC BY 2.5

(그림 2). 조각 역시 예외가 아니어서, 피렌체 출신의 르네상스 조각가 도나텔로Donatello(1386-1466)의 나무 조각을 보아도 마리아의 얼굴과 손발을 뺀 온몸에 털이 무성하다(그림 3). 이 작품들에서 막달라 마리아는 일관되게 '털보 마리아Hairy Mary'로 나타나 있다.

그 털은 머리에서 자란 털이다. 한데 성서 전체를 통틀어 '머리털'과 연관된 '마리아'라면, 막달라 사람 마리아가 아니라 베다니 사람 마리아가 아닌가?

> 예수께서 베다니에 가셨다. … 거기서 예수를 위하여 잔치를 베풀었는데 … 마리아가 매우 값진 나드 향유 한 근을 가져다가 예수의 발에 붓고, 자기 머리털로 그 발을 닦았다(요 12:1-3).

복음서 가운데 가장 먼저 기록된 마가복음에서 향유 사건이 등장하는 건 예수가 세 번이나 자신의 수난을 예고했음에도 열두 제자가 알아듣지 못하는 맥락에서다. 예수 일행이 드디어 예루살렘에 도착했다. 때는 바야흐로 "유월절 이틀 전"(막 14:1)이다. 이제 두 밤만 지나면 예수는 '유월절 어린양'이 되어 십자가에 달릴 판이다. 예수의 심경이 얼마나 착잡했을지는 두말하면 잔소리. 그때 찾은 곳이 베다니이다. "나병 환자였던 시몬의 집"에서 음식을 드시는데, "한 여자가 매우 값진 순수한 나드 향유 한 옥합을 가지고 와서, 그 옥합을 깨뜨리고, 향유를 예수의 머리에 부었다"(막 14:3). 이 의식은 예수의 장례를 미리 행한 것(막 14:8)으로, 예수는 "온 세상 어디든지, 복음이 전파되는 곳마다, 이 여자가 한 일도 전해져서, 사람들이 이 여자를 기억하게 될 것"(막 14:9)이라 칭찬한다. 문맥으로 보아 이 여자만이 예수의 뜻을 이해한 참 제자로 인정받았음을 알 수 있다.

마태복음도 마가복음과 비슷하다. 하지만 누가복음과 요한복음은 이 사건을 완전히 다르게 보도한다. 먼저 요한의 경우에는 시점이 '유월절 엿새 전'이다. 장소도 베다니에 있는 '시몬의 집'이 아니라 '나사로의 집'으로 나오고, 마태와 마가가 익명으로 처리한 '한 여자'는 '마리아'로 불린다. 이 마리아가 예수의 '머리'가 아닌 '발'에 향유를 붓고 자신의 '머리털'로 예수의 발을 닦는다. 누가복음은 요한복음과 비슷하면서도 다르다. 우선은 시점이 애매하다. 아직 예수가 수난을 예고하기 전이니, 공생애 초기에 일어난 일일 테다. 장소도 '바리새파 시몬'의 집으로 바뀌어 있다. 거기서 음식을 드시는데, "죄인인 한 여자"가 "향유가 담긴 옥합을 가지고 와서, 예수의 등 뒤에 발 곁에 서더니, 울면서, 눈물로 그 발을 적시고, 자기 머리털로 닦고, 그 발에 입을 맞추고, 향유를 발랐다"(눅 7:37-38).

사복음서가 다 전한다는 건 그만큼 중요한 사건이라는 의미이겠다. 한편, 복음서마다 조금씩 다르게 기록된 까닭은 전하려는 메시지가 다르기 때문이다. 한마디로, 신학의 강조점이 다르다는 말이다. 아무리 그래도, 향유 여인을 '죄인'으로 묘사한 누가복음의 파장은 꽤 고약하다. 이 표현 때문에 그녀에게 성적으로 문란한 '창녀'의 이미지가 덧씌워졌으니 말이다.

유대교에서 죄인은 통상 율법을 어긴 사람이나 세금을 안 낸 자

그림 4. 티치아노, 〈참회하는 막달라 마리아〉(1533), 85×68cm, 캔버스에 유화, 피티 미술관, 피렌체, 이탈리아.

그림 5. 티치아노, 〈참회하는 막달라 마리아〉(1565), 98×119cm, 캔버스에 유화, 에르미타주 미술관, 상트 페테르부르크, 러시아.

를 부르는 말이다. 그리스어로는 '하마르톨로스*hamartolos*'라고 한다. 본문에 사용된 단어가 바로 이거다. 한데도 우리가 여기 등장하는 '죄인'을 창녀, 곧 '포린porin'으로 읽는 까닭이 무엇일까? 다른 데 언급된 "일곱 귀신이 떨어져 나간 막달라라고 하는 마리아"(막 16:9; 눅 8:2)라는 설명 때문일 것이다. 이 대목에서도 막달라 마리아와 베다니 마리아는 둘이 아니라 하나다.

성서의 세계관에서 '일곱'이라는 숫자가 '거룩함' 또는 '완전함'의 상징으로 쓰일 때가 많은데, 어째서 막달라 마리아의 경우에는 부정적인 의미로 쓰였을까? 이 질문은 잠시 접어 두고, 그림 4를 보자. 베네치아 회화의 '군주'로 불린 티치아노의 〈참회하는 막달라 마리아〉는, 머리털이 전형적인 '털보 마리아'의 계보를 잇지만, 훤히 드러난 젖가슴 때문에 관능적인 창녀를 연상하게 된다. 승천까지 한 '성녀'를 이리 그린 게 미안했던지, 다음부터는 계속 옷을 입은 모습으로 재현했는데, 그렇다고 창녀의 이미지를 완전히 지운 건 아니다. 그림 5의 마리아를 보라. 책은 성녀를, 눈물은 창녀를 암시한다. 티치아노의 '털보 마리아'는 이렇게 여러 차례 개작을 거쳤음에도 여전히 이중적인 모습을 벗지 못했다.

'막달라'라는 단어는 아람어 '마그달라'나 히브리어 '미그달'에서 유래했다. 이 단어에는 '요새, 성벽'이라는 뜻 말고도 '견고함, 위대함, 훌륭함'이라는 의미가 들어 있다. 그렇다면 '막달라 마리아'를 '메리 더 그레이트Mary the Great', 곧 '위대한 마리아'로 새길 수 있지 않을까? 다시 말해, '막달라'가 지명이 아니라면, 굳이 베다니의 마리아와 구분할 필요가 있을까?

전설에 따르면, 예수가 승천한 뒤 막달라 마리아는 사막의 동굴에서 기도하며 지냈다고 한다. 털옷이 사막(광야)에서 고행하는 예언자의 상징이라면, 화가들이 '털보 마리아'를 그린 건 그 전설에 충실했기 때문으로 풀이할 수 있다. 그러니까 막달라 마리아는 예수의 십자가와 떼려야 뗄 수 없는 여인이다. 그러기에 부활과도 긴밀히 연결된다.

하여 이 위대한 마리아가 깊은 묵상에 잠겨 있는 그림은 그 자체로 거룩하다(그림 6). 한 손으로는 턱을 괴고, 다른 손으로는 해골을 만지작거리면서 눈은 촛불을 응시한다. 그야말로 무념무상無念無想의 경

그림 6. 조르주 드 라 투르, 〈등불 아래 참회하는 막달라 마리아〉(1640-1605경), 캔버스에 유화, 128×94cm, 루브르 박물관, 파리, 프랑스.

지! 어쩌면 그녀는 예수의 "발 곁에 앉아서"(눅 10:39) 말씀을 들었을 때 이미 죽음을 경험하지 않았을까? 예수의 발 곁에 앉는다는 건 그분을 스승으로 삼겠다는 의지의 표명이고 보면, 그날이 마리아의 인생에서 가장 위대한 전환점이 아니었을까? 하기야 자기는 도무지 죽을 마음이 없으면서 예수의 길을 따른다고 떠벌리는 위선이야말로 가장 위험한 독버섯이거늘.

3부

죽음을 넘어 사랑으로

17. 초월과 저항이 함께 추는 춤

미리암

'초월'과 '초연'이 종종 헷갈린다. 무언가를 초월했다는 말을 초연하다는 뜻으로 새길 때가 많다. 우리말 사전에 따르면, 초월은 '어떠한 한계나 표준을 뛰어넘음'을 가리키고, 초연은 '어떤 현실 속에서 벗어나 그 현실에 아랑곳하지 않고 의젓함'을 의미한다는데, 도통 무슨 소린지 모르겠다. 둘이 엄연히 다르다는 '느낌적인 느낌'만 올 뿐, 딱히 설명하기가 난감하다. 그저 초월이 이름씨(명사)인 데 반해, 초연은 그림씨(형용사)라는 사실이 놀라울 따름.

하지만 깊이 들여다보면, 중요한 차이가 있다. 초연이 불교와 가까운 개념이라면, 초월은 기독교에 어울린다는 사실! 어째서 그런가? 불교는 모든 존재 안에 불성이 깃들어 있다고 보기 때문에, 세상을 변혁하기보다는 수용하려고 애쓴다. 다만 중생이 고통스러운 삶으로부터 해탈하는 걸 목표로 하기에, 세상의 미혹에 흔들리지 않고 '초연'한 평정심을 유지하도록 이끌 뿐이다. 반면에 예수가 가르친 하나님의 나라는 이 세상 질서와 다르다. 이 세상에 존재하는 그 무엇도, 이를테면 인간이 아무리 훌륭한 법이나 제도를 만들었다고 해도, 그것이 곧 하나님일 수는 없다는 믿음이 '초월'이다. 해서 기독교는 세상에 맞서고 변혁하려는 기운이 강하다. 요컨대 초월은 저항의 다른 표현이다.

출애굽 이야기가 이를 잘 보여 준다. 하나님의 백성이 애당초 애굽(이집트)이라는 세상 질서에 고분고분 복종하고 살 수는 없는 노릇이다. 이 초월의식이 바로(파라오)왕에 대한 저항으로 꽃핀 게 히브리 산파들의 불복종 운동이다. 파라오의 공포정치는 순간이지만, 하나님의 생명정치는 영원하다는 믿음이 십브라와 부아를 세상 어느 장수보다 용감하게 만들었다(그림 1).

독이 바짝 오른 바로왕의 포악질을 보라. "마침내 바로는 모든 백성에게 명령을 내렸다. '갓 태어난 히브리 남자아이는 모두 강물에 던지고, 여자아이들만 살려 두어라'"(출 1:22). 하나님의 백성은 바로의

그림 1. 〈파라오와 산파들〉, 14세기 초 스페인 카탈루나 지방에서 만들어진 '황금 하가다'(유월절 이야기를 담은 히브리 성서) 삽화. 영국도서관 소장.

'모든 백성'에 포함될 수 없다. 바로의 백성이 아닌 만큼 그 명령을 이행할 의무도 없다. 야만스러운 학살 명령에 저항한 또 다른 '하나님의 백성'이 있었으니, 모세의 어머니 요게벳이다. 그녀는 대담하게도 남자아이를 낳아 석 달이나 몰래 숨어 키웠다.

아니다. 요게벳이 키웠을 리 없다. 노예 신분상 그녀는 아기를 낳았다고 해서 백 일 동안 편하게 몸조리를 할 형편이 되지 못한다. 갓 태어난 핏덩이를 먹이고 재우고 씻기는 일, 튼실한 사내아이의 울음소리가 바깥으로 새어 나가지 못하게 어르고 달래고 안아 주는 일, 이런 돌봄 노동은 순전히 맏딸의 몫이었을 것이다. 성서는 모세가 바로왕의 딸에게 입양되는 과정에서 모세의 누이인 미리암의 역할이 얼마나 컸는지를 스릴 넘치게 보도한다.

그림 2. 오라치오 젠틸레스키, 〈모세의 발견〉(1630-1633), 242×281cm, 캔버스에 유화, 프라도 미술관, 스페인.

오라치오 젠틸레스키Orazio Gentileschi(1563-1639)가 〈모세의 발견〉(그림 2)을 그렸다. 그는 여류화가 아르테미시아 젠틸레스키의 아버지로도 유명하다. 그림 중앙에 황금색 옷을 걸치고 왕관을 쓴 애굽 공주가 오른손으로 아기를 가리키며 "이 아이는 틀림없이 히브리 사람의 아이로구나"(출 2:6)라고 말한다. 시녀들도 놀람과 연민이 섞인 눈으로 아기를 바라보지만, 공주의 시선은 아기 대신에 왼쪽 여인을 향해 있다. 한 시녀가 나일강가 갈대숲 사이에 놓인 갈대 상자를 발견해 공주 앞에 대령하는 사이, 미리암이 줄곧 지켜보고 있었다는 걸 우리는 안다(출 2:4). "그때에 그 아이의 누이가 나서서 바로의 딸에게 말하였다. '제가 가서, 히브리 여인 가운데서 아기에게 젖을 먹일 유모를 데려다 드릴까요?' 바로의 딸이 대답하였다. '그래, 어서 데려오너라.' 그 소녀가 가서, 그 아이의 어머니를 불러왔다"(출 2:7-8).

요게벳과 미리암은 알고 있었을 것이다. 매월 초가 되면 애굽의 왕족과 귀족의 여인네들이 다산과 풍요를 기원하기 위해 나일강으로 목욕 마실을 나간다는 사실을(그림 3 참고). 그래서 '갈대 상자 프로젝트'를 꾸몄다. 이름하여 간 큰 모녀의 생명 살리기 협업 작전이다.

그림 3. 렘브란트, 〈모세의 발견〉(1635), 48.6×60.3cm, 캔버스에 유화, 필라델피아 미술관, 미국.

그림 4. 루카 조르다노, 〈예언자 미리암의 노래〉(1687), 48×32.5cm, 캔버스에 유화, 프라도 미술관, 스페인.

이 기발한 아이디어가 통할 줄이야! 미리암의 명연기 덕분에 요게벳은 제 자식에게 젖을 먹이며 국가로부터 삯까지 받는(출 2:9) 모성보호법의 수혜자가 된다.

이 사건 이후로 성서는 모세의 성장기에 집중한다. 어언 80년의 세월이 흘러 드디어 출애굽 사건이 일어난다. 그 절정은 홍해다. 히브리인들이 마침내 바로의 손아귀에서 놓여났다. 미리암의 이름이 다시 등장하는 건 바로 이 대목. 새벽녘, 뒤로는 홍해가 토해 낸 애굽 군인들의 시체가 간밤의 숨 막히는 추격전을 증언하고, 앞으로는 끝없이 펼쳐진 광야가 앞으로의 고난을 예고한다. 신산하고 불안한 시점, 누군가 이 사태를 얼른 수습하고 백성들의 마음을 하나로 묶어 광야로 전진하도록 이끌어 주어야 한다.

바로 그때, 미리암이 손에 소고를 들고 척 나선다. 그러자 모든 여인이 기다렸다는 듯이 손에 소고를 잡고서 그녀를 따라 나오며 군무群舞를 춘다. "주님을 찬송하여라. 그지없이 높으신 분, 말과 기병을 바다에 던져 넣으셨다"(출 15:21). 이건 어디까지나 노래다. 아마도 우리 문화의 '쾌지나칭칭나네'처럼, 미리암이 앞소리를 메기면 여자들이 일제히 뒷소리를 따라 부르는 떼창의 형태가 아니었을까?

루카 조르다노Luca Giordano(1634-1705)의 〈예언자 미리암의 노래〉(그림 4)를 보라. 미리암의 존재감이 장난이 아니다. 그러니까 미리암은 구약성서를 통틀어 맨 처음 등장하는 '여성 예언자(출 15:20)'인 데다가 오경Torah에서 유일하게 '여성 예언자'로 호명되는 인물이다. 그녀는 출애굽한 히브리 잡족雜族을 야훼 신앙으로 통합하는 놀라운 카리스마를 발휘한다. 이쯤 되면 누가 그녀를 '넘버 스리(No. 3)'라 말하겠는가?

'저항'이라는 이름 뜻 그대로 미리암은 초월의 삶을 살았다. 힘없고 가난한 이들을 마음대로 짓밟는 애굽 제국의 사악한 질서에 온몸으로 항의하면서 자유와 평등의 노래를 불렀다. 그녀가 부른 노래는 한나의 노래, 마리아의 노래와 더불어 성서 속 '3대 불후의 명곡'을 이룬다. 광야에 울려 퍼진 미리암의 노래가 오늘 우리의 삶에서도 메아리쳐 울리기를. 홍해에서 명백히 드러난 하나님의 승리가 지금 여기서도 어김없이 이루어지기를.

18. 새로운 세상을 낳다

동정녀 마리아

나는 고지告知가 무섭다. '고지'란 문자 그대로 '알려서[告] 알게 한다[知]'라는 뜻이지만, 이 알림의 무게는 절대 가볍지 않다. 우편함을 잔뜩 채운 고지서를 떠올려 보라. 단순한 종잇장으로 치부했다가는 큰일 난다. 최근 넷플릭스 드라마 중 전 세계 시청 순위 1위를 갱신한 연상호 감독의 영화 〈지옥〉은 어떤가? 죽음의 고지를 받는 순간부터

하루하루가 '생지옥'이다!

갈릴리의 마리아도 고지를 받았다. 이른바 '수태고지受胎告知'다. 모든 임신이 즉각 기쁨으로 연결되지 않는다는 걸 우리의 경험이 말해 준다. 처녀 마리아는 어땠나? "나는 남자를 알지 못하는데, 어떻게 이런 일이 있겠습니까?"(눅 1:34) 반문하는 목소리에 불안과 공포가 가득하지 않았을까?

그런데 어찌 된 영문인지 유명 화가들이 그린 마리아의 표정은 평온하기 그지없다. 먼저 서양 미술사의 한 획을 그은 르네상스 시기의 프라 안젤리코를 만나 보자. 프라Fra는 '형제'라는 뜻으로 수도사를 가리키고, 안젤리코Angelico는 '천사 같은'을 의미한다. 본명이 귀도 디 피에트로Guido di Pietro였던 이 화가는 죽은 뒤에 자신이 몸담았던 도미니크 수도회로부터 '천사 같은 수도사'라는 칭호를 부여받았다.

그가 그린 〈수태고지〉(그림 1)는 우아미가 압권이다. 두 손을 가슴팍에 가지런히 모은 채 하나님의 뜻을 전하는 천사 가브리엘은 더없이 겸손하고, 비슷한 자세로 고지를 받는 마리아에게서도 기품이 철철 넘친다. 두 인물의 머리를 감싸는 후광은 가톨릭 성화에서 성스러운 인물을 암시하는 기호인데, 이 그림의 후광에는 특별한 것이 있다. 단순히 금색으로 보이도록 칠한 게 아니라 진짜 금으로 도배했다는 사실이다.

마리아가 망토처럼 두른 파란색 겉옷도 예사롭지 않다. 지금이야 화학 염료가 발달해서 어떤 색이든 흔하게 제조할 수 있지만, 그

그림 1. 프라 안젤리코, 〈수태고지〉(1437-1446), 195×273cm, 프레스코화, 산 마르코 수도원, 피렌체 이탈리아.

그림 2. 산드로 보티첼리, 〈수태고지〉 (1489-1490), 150×156cm, 템페라화, 우피치 미술관, 피렌체 이탈리아.

시절 파란색은 금보다 귀하게 거래되던 청금석(라피스 라줄리lapis lazuli, 나트륨, 알루미늄 따위를 함유한 규산염 광물. 푸른색, 청자색, 녹청색 같은 색깔에 유리와 같은 광택이 난다—편집자 주)을 만들 수 있는 최고급 색상이었다. 그런 만큼 천상의 색으로 대접받으며 성모 마리아를 상징하는 '시그니처 컬러'로 자리 잡았다.

우아미로 치면 〈비너스의 탄생〉으로 유명한 산드로 보티첼리Sandro Botticelli(1445-1510)의 〈수태고지〉(그림 2)를 빼놓을 수 없다. 마리아 앞에 무릎을 꿇은 천사의 왼손에는 순결을 상징하는 백합화가 들려 있다. 오른손은 마리아에게 인사를 건넨다. 그 손과 닿을락 말락 마리아도 인사하며 손을 내민다. 그녀의 몸은 고딕 양식의 조각처럼 S자 형태로 휘어져 있어서 놀라움을 표현한 듯이 보이지만, 표정에서는 전혀 당혹감을 읽을 수 없다.

르네상스의 천재 화가 레오나르도 다빈치(1452-1519)의 〈수태고지〉(그림 3)는 어떨까? 천사의 자세가 보티첼리의 경우를 쏙 빼닮았다. 차이가 있다면 눈을 '내리깔고서' 공손함을 더욱 강조했달까? 한편, 마리아는 서 있지 않고 앉아 있는 자세다. 왼손을 살짝 들어 올려 인사를 건네는 모습이 당당하기까지 하다.

르네상스 시기에 나온 그림 중 87퍼센트가 기독교 성화로, 그 가운데 절반이 성모 마리아와 관련된 작품이라니, 그녀의 높은 인기를 충분히 짐작할 만하다. 특히 수태고지는 화가들의 단골 메뉴여서 내로라하는 이들이 죄다 그렸다. 대부분 천사의 말을 경청하고 하나님의 뜻에 순종하는 마리아의 정결한 모습을 담아내는 작품들이 주를

그림 3. 레오나르도 다빈치, 〈수태고지〉(1472), 98×217cm, 템페라화, 우피치 미술관, 피렌체 이탈리아.

이룬다.

그 틈새에서 예외의 모습을 살짝 보여 주는 그림이 있다. 로렌초 로토의 경우다. 그가 그린 〈수태고지〉(그림 4)는 어딘가 부산스럽다. 천사의 왼손에 들린 백합이며 오른손을 높이 들고 하늘의 뜻을 전하는 모양새는 퍽 익숙하지만, 그런 천사에게 등을 돌린 채 도망가는 마리아의 몸짓은 완전히 예상 밖이다. 들어 올린 두 손은 강력한 거부를 표현하는 듯하다. 마리아를 붙잡으려고 구름을 타고 돌진하는 하나님은 또 어떤가. 긴박감과 역동성을 담아내면서도 재기 발랄한 인간미를 잃지 않은 게 이 그림의 매력이다.

맞다. 천생 소심한 겁쟁이인 나는 이런 종류의 고지 앞에서 거부권을 행사할 테다. 돌에 맞아 죽게 생긴 판에 하나님의 뜻이 다 무슨 소용이냐고, 나한테 왜 이러시냐고 악다구니를 쓸지도 모른다. 한데 마리아는 순종한다. "보십시오, 나는 주님의 여종입니다. 당신의 말씀대로 나에게 이루어지기를 바랍니다"(눅 1:38).

그림 4. 로렌초 로토, 〈수태고지〉(1534), 166×114cm, 유화, 레카나티 미술관, 레카나티 이탈리아.

그녀의 순종에서 ‘순종적인’ 여성상을 떠올린다면 완전히 헛짚은 거다. 이때의 순종은 순종적인 여성이라면 절대 할 수 없는 그런 종류의 것이기 때문이다. 세상을 움직이는 ‘게임의 규칙’, 그러니까 넷플릭스 드라마 〈오징어 게임〉이 고발하듯 약육강식과 승자독식이 진리처럼 통용되는 세상 질서를 뒤집어엎겠다는 결연한 의지가 없고서는 도무지 할 수 없는 순종이다. 그녀의 노래(눅 1:46-55)를 들어보라. 홍해를 건넌 미리암의 노래(출 15:20-21)와 정확히 일치하지 않는가? 이 노래 속에서 일체의 영웅주의와 제국주의는 간단히 부정되고, 약자와 소수자를 편드시는 하나님이 찬양받는다.

아하, 그러고 보니 미리암은 최초의 ‘네비아(נְבִיאָה, 여자 예언자)’였구나. 히브리어 미리암의 그리스식 번역이 마리아이고 보면, 복음서에 그토록 많은 마리아가 등장하는 이유를 알 만하다. 로마제국이 지배하는 암울한 시대에 믿음의 딸들이 ‘네비아’가 되기를 바라서 그랬을 터였다. 그렇다면 하나님의 뜻에 순종한 마리아를 단순히 ‘어머니’ 이미지로 소비하는 건 거의 죄악에 가까울지도 모른다.

그때만큼, 아니 그보다 더 절망과 한숨이 가득한 우리 시대에 새로운 세상을 품은 마리아는 어디에 있을까? 일상을 살면서 매 순간 신神을 낳는 일, 이름하여 '신나는' 일을 꾸미느라 분주한 마리아가 어딘가에 있을 터. 그녀가 '처녀'다. 세상의 그 무엇에도 기대지 않고 오롯이 하나님의 뜻에 자기를 개방하며 훌훌히 살아가는 여자, 그녀의 이름이 마리아다.

19. 자매애가 희망이다

룻

한 알의 모래에서 세상을 보고

한 송이 들꽃에서 천국을 본다.

이렇게 노래했던 윌리엄 블레이크는 시인이자 화가였다. 그의 시에 신비와 은유가 넘치듯이, 그가 그린 그림은 대체로 몽환적이고 난해

그림 1. 윌리엄 블레이크, 〈나오미가 두 며느리 룻과 오르바에게 모압 땅으로 돌아가라고 간청하다〉(1795), 37.5×49cm, 캔버스에 유화, 피츠윌리엄 박물관, 캐임브리지, 영국.

하지만, 그렇지 않은 작품도 있다. 그림 1이 그렇다. 성경을 좀 읽었다고 하는 사람은 단박에 알아볼 만하다.

세 여성이 등장한다. 나이 든 여성 한 명과 젊은 여성 두 명. 검은 상복을 입은 노년의 여성을 젊은 여성 하나가 몸을 낮춰 끌어안고 있다. 죽어도 놓지 않겠다는 듯이. 그녀를 차마 안아 주지 못하는 늙은 여자의 두 팔이 너무나도 절망스럽고 처연하다. 이토록 애틋한 두 사람을 뒤로한 채 다른 젊은 여성은 고개를 떨구고 길을 떠난다. 눈물을 훔치면서. 이쯤 되면 누구를 그렸는지 충분히 알겠거니와 제목까지도 알아맞힐 수 있겠다. 〈나오미가 두 며느리 룻과 오르바에게 모압 땅으로 돌아가라고 간청하다〉.

이번에는 두 여성이 눈길을 사로잡는다(그림 2). 자세히 뜯어보면 나이 든 여성의 치마폭 뒤쪽으로 보퉁이를 끌어안은 채 등을 돌리고 걸어가는 한 여성이 보이지만, 주인공은 두 여성이다. 얼핏 보면 어머니와 딸인 줄 알겠다. 하지만 모녀 사이라고 하기에는 분위기가 어째 심상치 않다. 젊은 여성은 나이 든 여성에게 매달리고, 나이 든 여성은 젊은 여성을 밀쳐 낸다. 젊은 여성의 오른손은 가슴 쪽을 향해 있다. 마치 자기의 진심을 알아 달라고 호소하기라도 하듯이. 렘브란트의 제자 얀 빅토르스Jan Victors(1619-1676)가 그린 〈나오미에게 맹세하는 룻〉이다.

'착한' 독자는 나오미의 마음에 공감한다. 어쩌다 시어머니와 며느리 모두 과부 신세가 된 마당에 누가 누구를 돌본단 말인가? 게다가 며느리들은 죄다 이방인이다. 모압 출신이라고 하면, 악명 높은

그림 2. 얀 빅토르스, 〈나오미에게 맹세하는 룻〉(1653), 109×137cm, 캔버스에 유화, 개인 소장.

소돔과 고모라 사건이 연상되니, 유다 베들레헴 순혈주의자들 눈에는 틀림없이 '개, 돼지'로 보일 판이다. 며느리들이 당할 수모를 생각할 때, 어찌 고향으로 데리고 갈 수 있겠는가? 차라리 친정으로 돌아가 동족과 사는 편이 낫다. 나오미는 자기 안의 이기심을 억누르며 며느리들을 억지로 떼어 낸다.

'나쁜' 독자도 나오미의 마음을 이해한다. 나오미 가족이 베들레헴을 떠난 이유는 경제 불황 때문이었다. 그러면 오랜 타향살이 끝에 보란 듯이 금의환향錦衣還鄕해야 어깨를 쭉 펼 텐데, 완전 쪽박 신세로 전락했다. 과부가 된 며느리들을 데리고 돌아가면, 볼 때마다 죽은 아들들이 떠오를 테다. 어쩌면 속에서 '자식 잡아먹은 며느리'라는 험한 욕이 솟구칠지도 모른다. 그러니 어떻게든 떼어 내고 싶다. 홀몸으로 귀환하면 이웃의 동정이라도 받으며 그럭저럭 모진 삶을 이어 갈 수 있으리라.

나오미가 어떤 마음에서 며느리들과 헤어지려고 했는지는 알 수 없다. 다만 '다섯 번이나(!)' 간청했다는 건 안 데려가겠다는 의지가 확고하다는 뜻이다(그림 3 참고). 이 뜻에 굴복해 오르바는 친정으로 돌아간다. 하지만 룻은 당돌하기가 이를 데 없다.

> 나더러, 어머님 곁을 떠나라거나, 어머님을 뒤따르지 말고 돌아가라고는 강요하지 마십시오. 어머님이 가시는 곳에 나도 가고, 어머님이 머무르시는 곳에 나도 머무르겠습니다. 어머님의 겨레가 내 겨레이고, 어머님의 하나님이 내 하나님입니다. 어머님이 숨을 거두시는

> 곳에서 나도 죽고, 그곳에 나도 묻히겠습니다. 죽음이 어머님과 나를 떼어 놓기 전에 내가 어머님을 떠난다면, 주님께서 나에게 벌을 내리시고 또 더 내리신다 하여도 달게 받겠습니다(룻 1:16-17).

이런 황소고집이라면 아무도 꺾을 수 없다. 나오미는 결국 룻과 함께 고향으로 돌아간다. "그들이 베들레헴에 이르렀을 때는 보리를 거두기 시작할 무렵이었다"(룻 1:22). 아마도 룻의 시선은 어느새 황금빛 보리 물결에 가 닿았으리라. 룻은 고난과 가난을 떨치고 일어난다. "밭에 나가 볼까 합니다. 혹시 나에게 잘 대하여 주는 사람을 만나면, 그를 따라다니면서 떨어진 이삭을 주울까 합니다"(룻 2:2).

고대 유목 사회에서는 과부가 많았다. 목축업이라는 게 그리 낭만적이지만은 않았던 까닭은 운이 나쁘면 늑대나 곰을 만날 수도 있었기 때문이다. 어떤 이유로든 남편이나 아들을 잃은 여성은 도저히 혼자 힘으로 살아갈 수 없었었다. 과부는 사회적 약자 가운데서도 약자였다. 고대 이스라엘 율법은 이런 과부의 사정을 헤아려 다양한 혼인 제도로 보완책을 마련했다. 이를테면 계대繼代 혼인이 한 보기다. 형이 후손(아들) 없이 죽으면, 동생이 형수와 결혼해 형의 대를 이어야 한다. 하지만 나오미네처럼 집안에 남자의 씨가 말랐을 때는 그리할 수 없다. 이럴 때 필요한 게 고엘 제도다. '고엘goel'은 히브리말로 '무르다, 되찾다'는 뜻이다. 누군가 가난하여 땅을 팔 경우, 친족이 그 땅을 사서 되돌려주어야 한다. 그럼으로써 이스라엘 공동체 안의 누구라도 땅 없이 노예로 전락하는 일이 없게 하라는 게 모세의

그림 3. 피터르 라스트만, 〈룻이 나오미에게 맹세하다〉(1614), 65×89cm, 판넬에 유화, 니더작센 박물관, 하노버, 독일.

그림 4. 에밀 레비, 〈나오미와 룻〉(1859), 188×151cm, 캔버스에 유화, 시립미술관, 루앙, 프랑스.

그림 5. 니콜라 푸생, 〈여름: 룻과 보아스〉 (1660-1664), 118×160cm, 캔버스에 유화. 루브르 박물관, 파리, 프랑스.

율법이었다.

룻기는 한마디로 고엘 제도를 보여 주는 책이다. 그러니 고엘의 의무를 진 자가 어떻게 '노블레스 오블리주(귀족의 사회적 책무)'를 보여 주느냐에 초점을 맞추어 읽으면 될 일이다. 그런데 어느 사회든지 그런 책무 따위는 '개나 줘 버려' 하는 인간종이 꼭 있기 마련이다. 룻기도 예외가 아니다. 고엘의 우선순위자가 뒤꽁무니를 치고 내뺀다. 나오미의 밭을 사면 그 집 며느리까지 떠맡아야 하는데(룻 4:5 참고) '모압 여자'는 죽어도 싫다는 거다.

룻과 보아스의 러브 스토리는 이런 배경을 염두에 두고 읽어야 한다. 그래야 나오미가 왜 발 벗고 나서서 이들 사이의 오작교 역할을 자처하는지(그림 4 참고), 또 보아스가 얼마나 멋진 남자인지를 체감할 수 있다(그림 5). 이때의 멋짐은 초월에서 나온다. 세상의 편견과 차별에 굴하지 않고 하늘 바람에 자기를 내맡기는 그 변혁적 춤사위 말이다.

20. 낳았으되 갖지 않기

한나

'국민 엄마' 김혜자는 명품 배우다. 〈눈이 부시게〉(JTBC)라는 드라마에서 말 그대로 눈이 부시게 연기한 덕에 2019년 백상예술대상 티브이 부문 대상을 거머쥐었다. 수상 소감은 또 얼마나 눈이 부셨던가? "내 삶은 때론 불행했고 때론 행복했습니다. 삶이 한낱 꿈에 불과하다지만 그래도 살아서 좋았습니다. … 후회만 가득한 과거와 불안하기만 한 미래 때문에 지금을 망치지 마세요. 오늘을 살아가세요. 눈이 부시게." 자신의 드라마 대사를 담담히 읊는 그녀의 목소리는 흥분과 떨림마저도 위로와 환희로 바꾸는 특유의 힘을 지녔다.

그런 '국민 엄마'를 감히 망가뜨린 작품이 있다. 영화 〈마더〉(2009)다. 여기서 도준(원빈 역)의 엄마 혜자 역을 맡은 김혜자는 〈전원일기〉 속 그녀가 아니었다. 아들을 지키기 위해서라면 살인도 서슴지 않는 엄마. 자기 새끼한테 무슨 일이라도 생기면 언제든 달려 나갈 생각에 양말을 신은 채로 잠을 자는 엄마. 지극한 모성애로 포장하기에는 집착의 도가 지나친 엄마. 봉준호 감독에 의해 새롭게 태어난 김혜자는 비뚤어진 모성의 절정을 보여 주었다.

여성의 존재 이유가 자녀, 그것도 아들 생산이 전부인 시대로 시간 여행을 떠나 본다. 여성이 한낱 남성(아버지나 남편)의 재산으로 치부되던 시대다. 이를테면, 아내가 남종, 여종, 소, 나귀와 나란히 남자의 '소유'로 열거되고(출 20:17), 첩이 낯선 불량배들에게 윤간을 당하고 죽은 뒤에 남편의 손에 열두 토막으로 잘려 나가도 누구 하나 말리는 이가 없으며(삿 19:29), 아버지가 자신의 딸들을 성난 남자들에게 '위안부' 삼아 먹잇감으로 던져 주어도 괜찮았던(창 19:8) 시대 말이다.

한 가족이 길 위에 있다(그림 1). 남자 하나, 여자 둘. 맨 앞의 여자는 팔에 아기를 안고 당당하게 앞을 보며 걷는다. 뒤따르는 여자의 품에는 아기가 없다. 그녀의 시선은 자기 뒤의 남자를 향한다. 마치 눈치라도 보는 것 같다. 그 남자의 한 손에는 두루마리가 들려 있다. 치켜든 다른 손은 그가 그녀에게 뭔가를 설명하는 중임을 암시한다.

그림 1. 메이스터르 판 더 페데르볼컨,
〈라마로 돌아가는 엘가나와 두 아내〉
(1467경), 미상.

그림 2. 바렌트 파브리티우스, 〈엘가나가 울고 있는 한나를 달래다〉(1655), 58×61cm, 캔버스에 유화, 사바우다 미술관, 튜린, 이탈리아.

이 남자는 엘가나. 두 여자는 그 남자의 아내들이다. "브닌나에게는 자녀들이 있었지만, 한나에게는 자녀가 하나도 없었다"(삼상 1:2). 에브라임 산간 지역인 라마다임에 사는 이 가족은 "매년 한 번씩 자기가 사는 성읍에서 실로로 올라가서, 만군의 주님께 경배하며 제사를 드렸다"(1:3).

엘가나의 시대에는 아직 예루살렘 성전이 없었다. 성막과 법궤가 있던 실로가 중앙 성소 역할을 했다. 라마다임에서 실로까지는 26킬로미터쯤 된다. 오가기에 절대 만만한 거리가 아니다. 게다가 구약의 예배는 동물 제사다. 제물로 바칠 소나 양을 끌고 실로 성소까지 가는 것도 쉽지 않았을 텐데, 그래도 제사가 끝나면 모처럼 고기 밥상을 즐길 수 있다는 게 위로가 되었을 터다. 하지만 이 만찬을 도저히 즐길 수 없는 한 사람이 있으니, 바로 한나다. 남편이 브닌나와 그가 낳은 아들딸에게는 제물을 각각 한몫씩 나누어 주고, 자기에게는 두 몫을 떼어 줘도(1:4-5) 도무지 목구멍으로 넘어가지 않는다. 브닌나의 패악질 때문이다.

브닌나는 한나가 밉다. 자식을 주렁주렁 낳아 줘도 한나만 사랑하는 남편이 더 밉다. 하지만 남편에게 자신의 감정을 솔직히 드러냈다가는 소박을 맞을 수도 있는 일. 안 그래도 속상한 한나의 속을 박박 긁는 것으로 분풀이를 한다.

> 브닌나는 한나를 괴롭히고 업신여겼다. 이런 일이 매년 거듭되었다. 한나가 주님의 집으로 올라갈 때마다, 브닌나가 한나의 마음을 늘

그렇게 괴롭혔으므로, 한나는 울기만 하고, 아무것도 먹지 않았다 (삼상 1:6-7).

네덜란드 화가 바렌트 파브리티우스Barent Fabritius(1624-1673)가 그 장면을 화폭에 옮겼다(그림 2). 훈장처럼 자식들을 거느리고 앉은 브닌나와 미처 자리에 앉지도 못하고 등을 돌린 채 울고 서 있는 한나, 그런 한나를 위로하는 엘가나의 표정이 우리의 눈길을 사로잡는다. 브닌나의 시선은 자기가 낳은 아이들을 보는 대신에 한나와 엘가나 쪽을 향해 있다. 그 시선에 담긴 감정을 뻔히 아는 터에 한나가 어떻게 저 의자에 앉겠는가?

한나의 기도가 절절하다. 울음 섞인 그 기도는 소리조차 잊었다. 짐승 같은 웅얼거림이 계속된다. 문설주 곁에서 듣고 있던 엘리 제사장이 꾸짖을 만도 하다. "언제까지 술에 취해 있을 것이오? 포도주를 끊으시오"(1:14). 해마다 오는 가족인데, 그러면 이 가족의 형편을 헤아릴 법도 한데, 엘리는 무심하다. 하기야 이토록 무심하니, 세습 제사장으로 봉직하고 있는 자기 아들들의 횡포도 몰랐겠지(2:12-17).

놀라운 건 한나의 기도 내용이다. 그동안 브닌나에게 당한 게 원통하니, 아들 하나만 점지해 달라고, 제발 한풀이를 하게 해 달라고 빌어도 시원찮을 텐데, 그 수준이 아니다. "이 종에게 아들을 하나 허락하여 주시면, 저는 그 아이의 한평생을 주님께 바치고, 삭도를 그의 머리에 대지 않도록 하겠습니다"(1:11하). 노자 사상의 깊은 경지가 담겨 있다. 생이불유生而不有, 낳았으되 소유하지 않겠다고 다짐한다.

그림 3. 얀 빅토르스, 〈엘리 제사장에게 사무엘을 인도하는 한나〉(1645), 135×133cm, 캔버스에 유화, 베를린주립박물관, 베를린, 독일.

그 응답으로 태어난 아이가 사무엘이다. 한나는 이 귀한 아들을 지극정성으로 돌본다. 남편이 온 가족을 데리고 제사 드리러 갈 때도 따라가지 않는다. 하나님과 한 약속을 떼어먹으려는 게 아니다. 시간을 농축하기 위해서다. 어미 품을 떠난 자식이 하나님 뜻대로 살아갈 길을 미리 닦기 위해 마음을 다잡는다. 마침내 작별의 시간이 왔다. 사무엘이 젖을 뗐다. 한나는 어린 사무엘을 데리고 실로에 올라가 엘리 제사장에게 맡긴다.

네덜란드 화가 얀 빅토르스가 이 대목을 그렸다(그림 3). "이 아이의 한평생을 주님께 바칩니다"(1:28)라고 말할 때 한나의 목소리는 어땠을까? 서운했을까? 이어지는 노래에 단서가 있다.

> 주님께서 나의 마음에 기쁨을 가득 채워 주셨습니다. … 주님은 사람을 죽이기도 하시고 살리기도 하시며, 스올로 내려가게도 하시고, 거기에서 다시 돌아오게도 하신다. 주님은 사람을 가난하게도 하시고, 부유하게도 하시고, 낮추기도 하시고, 높이기도 하신다(삼상 2:1-7).

한나의 노래는 해방가다. 미리암의 노래(출 15:20-21), 마리아의 노래(눅 1:46-55)와 짝을 이룬다. 기존 질서를 뒤집어엎고 새로운 세상을 열어 가시는 하나님을 찬양한다.

렘브란트는 이후 이야기를 그렸다(그림 4). 매년 성소를 방문할 때마다 그리운 아들과 재회하는 한나를 예언자처럼 묘사했다. 한나와 사무엘의 눈길은 모두 한 방향, 곧 성경에 쏠려 있다. 하나님의 뜻에 오롯이 자기를 맡긴 모자의 모습이 거룩하다. 불임의 시대를 치유할 방도는 이 길밖에 없다. 움켜쥔 손을 펴기, 공공의 신앙을 회복하기, 눈이 부시게!

그림 4. 렘브란트 반 레인, 〈성소 안에 있는 한나와 사무엘〉(1650), 34×42cm, 캔버스에 유화, 국립미술관, 에든버러, 스코틀랜드.

21. 부스라기라도 좋아

가나안 여인

성선설을 주장한 맹자는 인간의 마음속에 선의 실마리가 네 가지 있다고 보았다. 그 으뜸이 측은지심惻隱之心이다. 어린아이가 우물에 빠지게 되었다 치자. 이 광경을 본 사람이라면 마땅히 달려가 구해 줄 것이다. 모르는 아이여도 상관없다. 아이의 부모로부터 보상을 받을 계산에서 혹은 세간의 칭찬을 노리고 그러는 게 아니다. 그냥 저절로 몸이 움직인다. '측은히 여기는 마음' 때문이다.

예수도 비유를 들어 이 마음의 소중함을 각인시켰다. 어떤 사람이 강도를 만나, 거의 죽을 지경이 되어 버려졌다(눅 10:30). 옷이 벗겨진 상태이므로, 그의 신분이나 지위를 알 만한 단서가 없다. '거의' 죽은 목숨이라면 '이미' 죽은 것처럼도 보인다. 제사장과 레위인은 그래서 그 사람을 보고도 못 본 척 피하여 지나갔을 것이다. 주검을 만지면 부정 탄다고 자위하면서. 하지만 사마리아 사람은 그러지 않았다. 그를 보고는 가까이 다가가 최선을 다해 보살펴 주었다. "측은한 마음"(눅 10:33)이 들었기 때문이다. 예수는 이 '선한 사마리아인'을 칭찬하며 "가서, 너도 이와 같이 하여라"(눅 10:37)라고 당부했다.

그랬던 예수가 도무지 이해 못 할 행보를 펼친다. 야박하고 매정하게 군다. 이 그림을 보라(그림 1). 한 여인이 맞잡은 두 손을 예수를 향해 내뻗으며 간청한다. 머리에 쓴 두건이 바람결에 살짝 나부낀다. 급히 달려와 무릎을 꿇은 모양새다. 하지만 예수는 못 본 척 고개를 돌린다. 여인을 향해 손을 내밀었지만, 이 내민 손은 거부의 의사이지 도움의 뜻이 아니다. 오히려 예수 곁에 포진해 있는 제자들의 표정에서 안쓰러움이 배어난다. 베드로로 보이는 제자는 예수를 향해 '여기서 이러시면 안 됩니다' 하고 따지는 듯하다.

이탈리아 볼로냐 지방의 유명한 화가 집안 태생인 루도비코 카라치Ludovico Carracci(1555-1619)도 이 장면을 화폭에 담았다(그림 2). 여인은 두 손을 가슴에 포갠 채 예수에게 애원한다. 발치에 버려진 물동이가 상황의 긴박성을 말해 준다. 예수의 눈은 여인을 쳐다보지만,

그림 1. 장 제르맹 드루아, 〈예수의 발 아래 있는 가나안 여인〉(1784), 146×114cm, 캔버스에 유화, 루브르 박물관, 파리, 프랑스.

그림 2. 루도비코 카라치, 〈그리스도와 가나안 여인〉(1593), 225×170cm, 캔버스에 유화, 브레라 미술관, 밀라노, 이탈리아.

발걸음은 이미 다른 곳으로 옮겨 갈 태세다. 여인을 향해 뻗은 손은 따라오지 말라고 암시한다. 옆의 제자가 무릎을 굽히고 어이없다는 듯이 예수를 올려다본다. 다른 제자들도 심기가 불편하기는 마찬가지.

루도비코 카라치의 사촌 동생 안니발레 카라치Annibale Carracci (1560-1609)도 같은 장면을 그렸다(그림 3). 카라바조와 나란히 초기 바로크 시대의 2대 거장이라 불리는 화가다. 과감한 표현력이 눈길을 끈다. 그중에서도 여인이 한 손으로 개를 가리키는 게 인상적이다. 여인의 표정은 복잡하기 이를 데 없다. 간절함 말고도 다른 감정들이 읽힌다.

이 그림들의 배경은 마태복음 15장 21-28절과 마가복음 7장 24-30절이다. 마태복음에서는 '가나안 여인'으로 등장하고, 마가복음에서는 '수로보니게 여인(시리아페니키아)'으로 나온다. 예수가 유대 땅을 떠나 두로(혹은 두로와 시돈) 지방으로 갔다. 이 지역은 통상 '보니게(페니키아)'라 불리던 곳이다. 학자들은 '페니키아'라는 단어가 '붉은색' 혹은 '자주색'을 뜻하는 셈어 '가나안Canaan'과 같은 말이 아닐까 추측한다. 그러니까 두 복음서가 거기 살던 여인을 '가나안 여인'이라 부르든 '수로보니게 여인'이라 부르든 같은 인물이라는 뜻이다.

페니키아는 고대 지중해 세계를 누비며 해상무역으로 맹위를 떨치던 민족이다. 특히 항구도시 두로는 자색 염료 생산으로 이름이 높았다. 로마 군인들과 귀족들이 자색 옷을 즐겨 입는 바람에, 바다에서 채취한 뿔고둥에서 자색 염료를 추출하는 기술을 보유한 두로는 막대한 부를 챙길 수 있었다. 이렇게 교통과 무역이 발달한 상업

그림 3. 안니발레 카라치, 〈그리스도와 가나안 여인〉(1594-1595), 255×195cm, 캔버스에 유화, 피나코테카 스테드, 팔마, 이탈리아.

도시에는 반드시 다양한 신전들이 있기 마련이다.

그러니까 이런 곳, 다시 말해 '부정한 이방 땅'으로는 '거룩하신 하나님의 아들'이 절대로 들어가면 안 된다는 게 제자들의 생각이다. 예수는 '하나님이 선택하신 백성'을 구원하러 온 게 아닌가 말이다. 그렇지 않아도 예수가 거라사 지역에 간 일(막 5:1-20 참고)로 제자들의 마음에는 큰 풍랑이 일어났었다. 이 지역은 헬라 문화권에 속한 열 개 도시국가(데카폴리스) 중 하나로, 유대인들이 금기시하는 돼지를 아무렇지 않게 기르고 먹었다. 그런 곳에 갔을 때도 예수의 행보가 못마땅했는데, 이번에는 더 불길하다.

가나안/수로보니게 여인의 등장은 이 맥락에 자리한다. 화가들이 그녀의 옷 위에 자색 혹은 금색 천을 휘감은 건 성서를 꼼꼼히 읽었다는 증거다. 한마디로, 부유한 이방 여인이다. 다만 한 가지 그녀의 실존을 짓누르는 커다란 고민이 생겼다. 딸이 아프다. 정신이 잘못 박혔다. 우리말 성서는 이런 경우에 옛사람들의 어법대로 '귀신이 들렸다'라고 옮긴다. 헬라어 원문을 따르면 '더러운 영'에 사로잡힌 상태로 이해할 수 있다.

어쨌든 이방 여인이 예수의 소문을 듣고 찾아왔다. 자기 딸을 고쳐 달라고 간청한다. "그러나 예수께서는 한 마디도 대답하지 않으셨다"(마 15:23상). 이런 예수의 태도는 무척 낯설다. 성서를 읽는 우리만이 아니라 성서 속 제자들도 같은 느낌인가 보다. 이제 제자들이 예수에게 간청한다. "저 여자가 우리 뒤에서 외치고 있으니, 그를 안심시켜서 떠나보내 주십시오"(마 15:23하). 이쯤 되면 예수가 들어줄 법도 한데, 매몰차기 이를 데 없다.

> 나는 오직 이스라엘 집의 길을 잃은 양들에게 보내심을 받았을 따름이다. … 자녀들의 빵을 집어서, 개들에게 던져 주는 것은 옳지 않다(마 15:24, 26).

렘브란트의 스승으로 유명한 피터르 라스트만의 그림은 성서를 고지식하게 재현한다(그림 4). 빵도 보이고 개도 보인다. 예수와 여인 사이에 있는 제자는 예수에게 '이제 좀 그만하시고, 여인의 청을 들어주시지요'라고 말하며 중재하는 것 같다. 화면 오른쪽 끝에서 두

그림 4. 피터르 라스트만, 〈그리스도와 가나안 여인〉(1617), 106.6×76.8cm, 캔버스에 유화, 국립미술관, 암스테르담, 네덜란드.

손으로 성경을 집어 든 채 관람객과 눈을 맞추고 있는 인물은 아마도 마태복음의 저자이거나 화가 자신일 테다. 그가 짓궂게 묻는다. 당신은 성서를 어떻게 읽나요? 예수의 마음이 보이나요?

예수의 독한 말에 상처를 입을 법도 한데, 여인은 물러서지 않는다. "주님, 그렇습니다. 그러나 개들도 주인의 상에서 떨어지는 부스러기는 얻어먹습니다"(마 15:27). 딸을 향한 측은지심이 빚어낸 기적이다. 그 마음이 딸을 살렸다. 아니 예수도 살렸다. 만약 여인이 포기하고 돌아갔다면, 예수의 복음은 유대인에게만 생명의 빵이 되었을 테니까. 그래서 라스트만의 질문에 이렇게 답하련다. 우리가 서로를 측은히 여기는 자리, 그곳에 예수가 함께 있다고.

22. 죽음이 나를 부를 때까지

안나

내가 만약 화가라면, 그것도 성서를 화폭에 옮기는 성화 작가라면, 첫 작품으로 무얼 그릴까? 성서의 순서에 따라 천지창조를 다룰까? 아니면 만물을 구원하기 위해 세상에 오신 예수 그리스도의 탄생 이야기부터 손댈까? 유럽 미술사에서 가장 위대한 화가로 손꼽히는 렘브란트의 선택은 남달랐다. 1625년 열아홉 살의 나이에 독립 화가의

그림 1. 렘브란트, 〈스데반의 순교〉(1625), 89×123cm, 판넬에 유화, 리옹 미술관, 리옹, 프랑스.

길을 걷기로 선언한 뒤, 자신의 이름을 박아 넣은 첫 작품으로 〈스데반의 순교〉(그림 1)를 선보였다. 성화를 그리다 순교하겠다는 소명 의식의 발로였을까? 그는 일찌감치 죽음과 친했다.

그 무렵 네덜란드는 스페인의 지배에서 벗어나기 위해 전쟁을 치르는 중이었다. 이 전쟁은 단순히 독립전쟁의 성격만 띤 게 아니었다. 가톨릭 국가인 스페인에 맞서기 위해 네덜란드 정부는 전략적으로 개신교를 수용했다. 독립전쟁은 종교전쟁이기도 했다.

이런 전쟁의 소용돌이 속에서 렘브란트가 〈스데반의 순교〉를 세상에 내놓았다. 스데반은 네덜란드(개신교)를, 그와 대각선상에 있는 사울(바울)은 스페인(가톨릭)을 상징한다. 스데반은 두 팔을 활짝 벌리고 죽음을 맞이하는데, 패배자의 슬픔이나 비굴함이라고는 조금도 찾아볼 수 없다. 화려한 옷차림이 그의 승리와 영광을 더욱 돋보이게 한다. 그의 눈길은 하늘을 향해 있다. 그는 "하늘이 열려 있고, 하나님의 오른쪽에 인자가 서 계신 것"(행 7:56)을 본다. 사울이 그의 시선을 따라간다. 하지만 같은 곳을 향해 있다고 해서 같은 것을 볼 수 있는 건 아니다. 사울의 개안開眼은 아직 멀었다.

그림 2. 렘브란트, 〈시므온과 안나〉(1627), 56×44cm, 판넬에 유화, 함부르크 미술관, 함부르크, 독일.

그림 3. 렘브란트, 〈성전 안의 시므온〉 (1669), 98.5×79.5cm, 캔버스에 유화, 국립미술관, 스톡홀름, 스웨덴.

그림 4. 렘브란트, 〈예언자 안나〉(1631), 60×48cm, 판넬에 유화, 암스테르담 박물관, 암스테르담, 네덜란드.

첫 작품에서 이런 신학적 깊이를 담아낸 렘브란트는 '붓을 든 신학자'답게 평생토록 자신만의 독특한 성서 읽기를 시도했다. 스물한 살에 그린 〈시므온과 안나〉(그림 2)를 보자. 유대 율법은 사내아이가 태어나면 8일 만에 할례를 받고 40일 만에 정결례를 행하도록 정해 놓았다. 예수의 부모 역시 율법에 따라 할례 후 정결례를 치르기 위해 예루살렘 성전에 올라갔다. 거기서 시므온과 안나를 만났다.

그림에서 눈길을 끄는 건 두 예언자의 나이다. 얼굴과 손의 주름살은 그들이 살아온 세월의 무게가 녹록지 않았음을 드러낸다. 삼각형 구도의 아래쪽에 앉은 시므온이 한 손으로 아기를 안고서 아기의 어머니 마리아에게 말한다.

> 보십시오, 이 아기는 이스라엘 가운데 많은 사람을 넘어지게도 하고 일어서게도 하려고 세우심을 받았으며, 비방받는 표징이 되게 하려고 세우심을 받았습니다. ―그리고 칼이 당신의 마음을 찌를 것입니다.― 그리하여 많은 사람의 마음 속 생각들이 드러나게 될 것입니다(눅 2:34-35).

얼핏 들으면 갓난아기한테 할 소리가 결코 아니다. 칭송은커녕 '비방받는 표징'이 되기 위해 세상에 태어났다니! 게다가 '칼이 당신의 마음을 찌를' 거라니! 마리아의 눈이 휘둥그레 커진 것도 당연지사. 그러나 시므온의 말은 단순히 할아버지의 덕담이 아니지 않은가? 거룩한 영이 그를 통해 전하는 '예언'이다. 운명을 거부할 요량이었으면 천사의 수태고지 때 벌써 도망쳤을 테다. 마리아는 두 손을 가지런히 모아 기도하는 자세를 취한다. 다가올 운명이 무엇이든지 간에 묵묵히 받아들이겠다고 결기 있게 다짐하는 몸짓이다.

이 그림에서 우리의 시선을 강탈하는 인물은 아기 예수다. '빛의 화가' 렘브란트는 아기 예수를 가장 빛나게 그렸다. 이 빛은 햇빛에서 연유하지 않는다. 성전 벽의 촛불마저 꺼져 있으니 인공의 빛을 받은 것도 아니다. 오히려 신학적인 빛이다. 거룩한 영에 사로잡힌 존재에게서 뿜어져 나오는 구원의 빛이다.

시므온의 얼굴은 옆면만 보이는데도 존재감이 대단하다. 세월을 짐작하게 하는 흰 머리카락과 흰 수염 그리고 기품 있는 털옷의 터럭들에서 빛이 뿜어져 나와 예언자 역할을 톡톡히 한다. 반면에 햇빛을 등지고 서 있는 안나는 다소 어둡게 처리돼 있다. 하지만 그녀도 명색이 예언자다. 모두 앉아 있는 가운데 홀로 서 있어 가장 역동적으로 보인다. 삼각형 구도의 꼭짓점에 있는 그녀는 두 팔을 활짝 벌려 반가움과 놀라움을 표현한다. 시선이 아기 예수를 향해 있는 것도 주목할 만하다.

렘브란트는 당시 유럽인의 평균수명보다 거의 두 배 이상이나 오래 살았다. 그가 죽은 뒤 화실에는 〈성전 안의 시므온〉(그림 3)이 미완성작으로 남아 있었다. 이 노인은 거의 눈이 멀었다. "주님께서 세우신 그리스도를 보기 전에는 죽지 아니할 것이라는 성령의 지시를 받은"(눅 2:26) 시므온에게 기다림이 얼마나 큰 고통이었는지를 새삼 깨닫게 된다. 그런데 아기 예수를 안고 있는 손이 어째 범상치 않다. 안았다기보다는 받들었다는 표현이 더 적절해 보인다. 이 손은 기도하는 손이다.

> 주님, 이제 주님께서는 주님의 말씀을 따라, 이 종을 세상에서 평안히 떠나가게 해 주십니다. 내 눈이 주님의 구원을 보았습니다(눅 2:29-30).

자신의 소명을 성실히 받든 이에게서나 나올 수 있는 기도다. 이쯤 되면 누가 시므온이고 누가 렘브란트인지 구분하기 어렵다.

시므온 곁에 어렴풋이 보이는 온화한 얼굴이 안나일 것이다. 누가복음에서 안나는 '말'이 없다. "구원을 기다리는 모든 사람에게 이 아기에 대하여 말하였다"(눅 2:38)고 적혀 있을 뿐, 정작 그 말의 내용은 알 길이 없다. 그래서인지 오늘날에도 설교자들의 이목을 거의 끌지 못한다. 그런 안나를 렘브란트가 줄곧 소환한다. 신기할 따름이다. 심지어 안나만 오롯이 그리기도 했다. 〈예언자 안나〉(그림 4)를 보라. 제분소에서 일하는 자신의 어머니, 아홉 남매를 낳아 기른 위대한 어머니를 모델로 앉혔다. 빛이 드리워진 성서와 꼭 붙어 있는 주름진 손이 압권이다. 여성과 책의 조합이 어색하던 시절에 렘브란트는 과감히 안나를 신학자로 소개한다. 이 안나가 우리에게 말한다. 성서는 그저 눈으로 읽는 책이 아니라고, 손으로 살려 내고, 몸으로 살아 내야 하는 책이라고.

23. 고통의 감수성으로 환대하라

사르밧 과부

유대 전통은 태어나서 열두 해가 지나면 성인으로 간주한다. 어지간한 여성은 열세 살 무렵부터 부모가 정해 준 남자와 혼인할 예비 후보군에 들어간다. 포르투갈 태생의 노벨 문학상 작가인 주제 사라마구가 쓴 장편소설《예수복음》(정영목 옮김, 해냄, 2010)에서도 예수의 어머니 마리아는 열여섯 살로 등장한다. 고작 열여섯에 '결혼-임신-출산'

의 전 과정을 담당하다니, 요즘 같으면 〈고딩엄빠〉(MBN의 예능 프로그램)에나 나올 일이겠지만, 그때는 일상이었다.

여성이 결혼하지 않고도 자기 삶을 능동적으로 꾸릴 수 있게 된 건 최근에야, 그것도 일부 문화권에서나 가능해졌다. 그러니 2천 년 전에는 오죽했겠나? 남성에 의해 규정되지 않는 여성은 설 자리가 없었다. 여성은 언제나 아무개의 딸, 아무개의 아내, 아무개의 어머니여야 했다. 성서 세계에서 과부가 '약자의 상징'으로 등장하는 건 그런 배경이다.

네덜란드 황금기 화가 아브라함 반 다이크Abraham van Dijck(1635/1636-1680)가 〈사르밧 과부와 함께 있는 엘리야〉를 그렸다(그림 1). 얼핏 보면, 가족의 평온한 저녁 식사를 그렸다고 오해할 만하다. 흰 머리와 흰 수염이 덥수룩한 노인이 장작불에 빵을 굽고 있는 여인을 향해 뭐라고 열심히 말을 건넨다. 볼이 발그레한 젊은 여인은 노인 쪽으로 고개를 돌려 그의 말에 집중한다. 그녀 곁에 앉은 어린 아들은 장작불을 바라보며 입속에 빵조각을 집어넣는다. 소박한 그림이지만, 전후 사정을 알면 마냥 즐겁게 감상할 수 없다.

때는 바야흐로 북왕국 이스라엘의 아합왕이 다스리던 시절이다. 그는 모압 왕에게서 "암양 십만 마리의 털과 숫양 십만 마리의 털"을 조공으로 받는 등 강력한 통치력을 발휘했다(왕하 3:4), 페니키아 제국의 공주 이세벨을 왕비로 맞아들이기까지 했다. 당대 최고 문명을 자랑하는, 해상무역의 왕좌를 차지하고 있던 페니키아와 혼맥을 맺었다는 건 그만큼 국력이 커졌다는 뜻이다. 하지만 이 국력은 바람만

그림 1. 아브라함 반 다이크, 〈사르밧 과부와 함께 있는 엘리야〉(1650-1672), 60.5×82.5cm, 캔버스에 유화, 국립미술관, 코펜하겐, 덴마크.

그림 2. 게르치노, 〈까마귀에게 음식을 받는 엘리야〉(1620), 195×156cm, 캔버스에 유화, 국립미술관, 런던, 영국.

잔뜩 든 풍선처럼 내실이 없었다. 사마리아에 바알 신전이 들어서고 아세라 상이 세워지면서 사람마다 풍요의 신을 섬기느라 넋이 나갔다. 말 그대로 각자도생各自圖生이 새로운 삶의 기준이 되었다. 과부와 고아, 나그네를 돌보라는 율법에 명시된 전통 윤리가 순식간에 무너져 버렸다.

엘리야가 부름을 받은 시대 상황이 그랬다. 하나님의 뜻을 세상에 알리는 예언자로서 그가 수행한 첫 임무는 아합왕에게 풍요 타령이 끝났음을 알리는 것이었다. "내가 섬기는 주 이스라엘의 하나님께서 살아 계심을 두고 맹세합니다. 내가 다시 입을 열기까지 앞으로 몇 해 동안은, 비는커녕 이슬 한 방울도 내리지 않을 것입니다"(왕상 17:1). 아합의 자존심에 쐐기를 박은 거다. 왕의 치세를 부정하고 권력에 대항했으니 엘리야는 목숨이 위태롭게 되었다. 본격적인 활동을 해 보기도 전에 죽은 듯이 숨어 지내는 시간으로 내몰렸다.

이탈리아 화가 게르치노가 그린 그림에서 엘리야의 고초가 잘 묻어난다(그림 2). 엘리야는 사막으로 도망쳐 그릿 협곡에 몸을 숨겨야 했다. 시냇물로 목을 축이고 까마귀가 물어다 주는 빵과 고기로 연명

했다(왕상 17:6). 까마귀는 동물의 사체를 먹고 산다. 그런 까닭에 율법에서는 부정한 새로 분류되어 제물로 바치거나 잡아먹는 것조차 금지돼 있다(레 11:15; 신 14:14). 그런 새가 아침저녁 공수해 오는 먹거리를 받아먹자니 엘리야의 심정이 과연 어땠을까? 저한테 왜 이러세요, 순종의 대가가 겨우 이건가요, 비둘기도 아니고 까마귀라니요, 차라리 저를 죽이지 그러십니까, 별의별 생각이 다 나지 않았을까?

그에게 광야학교는 철저히 낮아지는 장소였다. 자아가 납작해져서 더는 고개를 쳐들지 못한다. 그 이상 죽일 자아도 없다. 이미 죽은 자는 다시 죽지 않는다. 광야 수업은 그를 죽지 않는 생명으로 이끄는 초대가 아니었을까? 이 수업을 통해 세상의 낮은 자들과 자기를 동일시하는 안목이 열리지 않았을까? 철저히 하나님께 의지하는 처지로 떨어지고 나서야 자기 힘으로는 도저히 살아갈 수 없는 작고 연약한 생명에 대한 연민이 움트지 않았을까?

이제 하나님은 엘리야를 시돈에 있는 사르밧 지역의 한 과부에게로 보낸다. 이방 여인도 부정하기는 매한가지다. 하지만 까마귀보다야 낫지 않은가? 네덜란드 화가 얀 빅토르스가 이들의 첫 만남을

그림 3. 얀 빅토르스, 〈엘리야와 사르밧 과부〉(1640년대), 103×111cm, 캔버스에 유화, 요한 바오로 2세 컬렉션 박물관, 바르샤바, 폴란드.

화폭에 담았다(그림 3). 비가 내리지 않아 광야의 시냇물이 다 말라 버린 터라 엘리야의 모습은 무척 초췌하다. 그가 사르밧으로 가서 성문 안으로 들어서니, 마침 한 과부가 땔감을 줍고 있었다. 구멍 난 옷을 입은 아이의 차림새가 이들의 가정 형편을 말해 준다. 두 사람 모두 방금 울었는지 코끝이 빨갛다. 엘리야가 여자에게 말을 건다. "마실 물을 한 그릇만 좀 떠다 주십시오"(왕상 17:10). 여인이 일어서려고 하는데, 엘리야가 다시 불러서 말한다. "먹을 것도 조금 가져다주시면 좋겠습니다"(왕상 17:11).

내가 보기에는 딱 이 순간을 포착한 것 같다. 여인의 얼굴에 당혹감이 스친다. 아이도 놀란 기색이 역력하다. 집에 먹을 것이 없다! 빵 한 조각도 없다! 다만 뒤주에 "밀가루가 한 줌 정도, 그리고 병에 기름이 몇 방울"(왕상 17:12) 남아 있을 뿐이다. 이제 땔감을 주워 가지고 가서 '죽기 전에 마지막으로' 음식을 만들어 먹을 작정이다. 그런데

그림 4. 베르나르도 스트로치, 〈엘리야와 사르밧 과부〉(1630), 106×138cm, 캔버스에 유화, 빈 미술사 박물관, 빈, 오스트리아.

난데없이 추레한 노인이 나타나 음식을 달라고 한다. 그것도 먹다 남은 걸 달라는 게 아니라, 자기가 먼저 먹겠다고 한다. 누울 자리를 보고 발을 뻗으랬다고, 이런 염치없는 노인네를 보았나?

이탈리아 화가 베르나르도 스트로치Bernardo Strozzi(1581-1644)는 집 안을 배경으로 이 장면을 연출했다(그림 4). 엘리야의 왼손에는 지팡이가 들려 있다. 광야에서 막 나왔음을 암시한다. 앞으로 내민 오른손은 적극적인 설득의 표현이다. 물그릇을 엘리야에게 권하는 아이의 능동성이 눈길을 끈다. 여인은 엘리야 쪽으로 몸을 기울여 그의 말을 경청한다. 두 손으로 밀가루 그릇과 기름 잔을 꽉 부여잡고 있는 모습이 애절하다.

성경은 "그 여인은 가서, 엘리야의 말대로 하였다"(왕상 17:15)고 간단히 서술한다. 절대 간단히 넘어갈 구절이 아니다. 각자도생에 혈안이 된 세상에서 어떻게 자기 몫을 나누냔 말이다. 그녀는 야훼 하나님을 믿는 신앙인도 아니다. 그녀의 회심은 한참 뒤에나 일어난다. 그렇다면 잠정적으로 이런 가설을 세울 수 있겠다. 이 과부는 배가 고파 봤기에 남의 배고픈 사정을 안다고. 그러니까 '고통의 감수성'이야말로 위대한 살림의 기적을 낳는다고. 예수가 이 여인의 기억을 끄집어낸 건(눅 4:26) 고향에서조차 철저히 외면당한 절절한 고독 속에서라고.

24. 사랑은 죽음처럼 강한 것

술람미 여인

2023년에 개봉된 뮤지컬 영화 〈인어공주〉는 말도 많고 탈도 많았다. 주인공 역을 맡은 가수 할리 베일리의 피부색이 도마 위에 올랐다. 디즈니 팬들은 할리우드 역사상 처음 등장한 '흑인 인어공주'에 당혹스러워했다. 사회관계망서비스(SNS)에 '#나의_에리얼이_아니다'라는 핵심어 표시(해시태그)를 확산시키며 노골적인 반감을 드러낸 이들도 적지 않았다. 이러한 반응에 무너질 법도 하건만, 당사자인 베일리는 의외로 씩씩했다. 30분 동안만 눈물을 쏟고 이내 평정심을 회복했다고 전해진다. 고작 스물세 해밖에 살지 않았는데도, 맷집이 강해진 모양이다. 그녀는 백인 중심의 디즈니 콘텐츠에 다양성을 불어넣었다는 사실에 만족한다며, 이내 막이 오를 〈컬러 퍼플〉(앨리스 워커 원작) 뮤지컬 연습에 돌입했다.

복잡한 내막을 다 떠나서, 우리가 직관적으로 느끼는 아름다움의 기준이 백인에 치우친 건 정말 문제다. 피부색과 상관없이 전 세계 여자아이들은 '바비 인형'을 갖고 놀 때부터 은연중에 '날씬한 백인'을 미의 표준으로 받아들이게 된다. 바비를 살 여력이 없더라도 어려서부터 대중매체에 자주 노출되다 보면 똑같은 메시지를 주입받는다. '인형 같다'는 말은 바비의 외모를 닮았다는 뜻이다. 피부색이 하얄수록 권력에 가깝다는 집단 무의식이 활성화되어 있다.

기독교인이라고 해서 예외일까? 성경에 분명히 "사람은 겉모습만을 따라 판단하지만, 나 주는 중심을 본다"(삼상 16:7하)고 적혀 있어도, 현실은 딴판일 때가 많다. 그래서 이 여자가 돋보인다. 아가의 주인공 술람미 여인 말이다. 자신의 피부색에 이토록 당당할 수가!

> 예루살렘의 아가씨들아, 내가 검어서 예쁘단다. … 내가 검다고, 내가 햇볕에 그을렸다고, 나를 깔보지 말아라. 오빠들 성화에 못 이겨서, 나의 포도원은 버려둔 채, 오빠들의 포도원들을 돌보느라고 이렇게 된 것이다(아 1:5-6).

그림 1. 단테이 게이브리얼 로세티, 〈신부〉 또는 〈사랑받는 이〉(1865-1866), 83×76cm, 캔버스에 유화, 테이트갤러리, 런던, 영국.

그림 2. 귀스타브 모로, 〈아가: 술람미 여인〉(1893), 19×37cm, 종이에 수채화, 개인소장.

그런데 이상하다. 영국 화가 단테이 게이브리얼 로세티Dante Gabriel Rossetti(1828-1882)가 술람미 여인에게 영감을 받아 그렸다는 〈신부〉(그림 1)는 전형적인 백인이다. 그녀에게 꽃을 바치는 흑인 소녀와 묘한 대조를 이룬다. 프랑스 화가 귀스타브 모로의 〈아가: 술람미 여인〉(그림 2)도 마찬가지다. 아무리 봐도 피부색이 검지 않다. 복식에서 이국적 화려함이 풍기는 건 이 화가의 고유한 성향이다. 혹은 솔로몬과 염문을 뿌린 시바 여왕을 염두에 두었기 때문일 수도 있다. 그렇더라도 시바가 에티오피아의 옛 이름인 걸 생각하면, 뾰족한 콧날에 하얀 피부는 좀 아니다 싶다.

술람미 여인이 자기 입으로 확실하게 '내가 검어서 예쁘다'고 말하는데도 화가들은 왜 듣지 않을까? 아니다. 문제는 성경이다. 권위 있는 영어 성경들(KJV, ESV)이 "검지만 예쁘다black, but beautiful"고 표현했다. "검어서 예쁘다black and beautiful"는 표현은 새개정 영문판(NRSV)과 현대역판(CEV)에서나 나온다. 우리말 성경도 사정은 비슷하다. 개역개정판과 개역한글판은 "검으나 아름답다"고 옮겼다. 표준새번역과 공동번역조차 "비록 검다마는 귀엽다"고 에둘러 풀이했다. "검어서 예쁘다"는 새번역에만 등장한다.

"검지만 예쁘다", "검으나 아름답다"는 검은 것은 예쁘지 않다, 아름답지 않다는 판단을 전제한다. 검으면 예쁠 수 없는데도 자기는 예외적으로 예쁘다는 말이다. 언뜻 들으면 자부심이 넘치는 말로 받아들일 수 있다. 건강한 마인드의 소유자처럼도 보인다. 그러나 곰곰 따져보면 고약하고 위험하다. 유색인종 전체를 추醜의 범주, 나아가 악惡의 범주에 귀속시켜 놓고, 이를 기정사실화한다.

이 대목에서 문득 에릭 가너Eric Garner 사건이 떠오른다. 이 흑인 남성은 2014년 7월 17일 백인 경찰의 과잉 진압에 목이 졸려 숨졌다. 경찰은 그가 '신체적 위협이 느껴지는 행위'를 해서 어쩔 수 없이 '목 조르기' 기술로 제압했다고 면피했지만, 사실은 그의 검은 피부색과 큰 덩치가 유죄였다. 무기를 소지하지 않았다는 그의 말은 가볍게 무시되었다. 단지 흑인이라는 이유 때문에 어이없이 죽임당하는 "이런 일은 오늘부로 끝나야 한다"는 그의 외침도 간단히 짓밟혔다. 그의 죽음은 "#흑인의_목숨도_소중하다BlackLivesMatter"라는 핵심어 표시 운동을 낳았다.

그림 3. 마르크 샤갈, 〈도시 위에서〉 (1914-1918), 45×56cm, 캔버스에 유화, 트레티야코프 미술관, 모스크바, 러시아.

아가雅歌란 가장 아름다운 노래를 말한다. 아가 1장 1절은 이 노래의 출처가 '솔로몬'이라고 밝힌다. 그러나 '솔로몬의 아가'가 과연 솔로몬이 지은 노래라는 뜻인지, 아니면 솔로몬에게 바쳐진 노래라는 뜻인지, 그것도 아니면 솔로몬 시대에 불리거나 모인 노래라는 뜻인지는 정확하지 않다. 다만 아내와 첩이 천 명(왕상 11:3)에 달할 정도로 희대의 바람둥이였던 솔로몬이 이 여자에게 완전히 넋이 나간 것만은 분명하다.

> 왕비가 예순 명이요, 후궁이 여든 명이요, 궁녀도 수없이 많다마는, 나의 비둘기, 온전한 나의 사랑은 오직 하나뿐, 어머니의 외동딸, 그를 낳은 어머니가 귀엽게 기른 딸, 아가씨들이 그를 보고 복되다 하고, 왕비들과 후궁들도 그를 칭찬하는구나(아 6:8-9).

그녀의 어떤 점에 홀렸을까? 노동으로 다져진 건강한 육체가 첫 번째 매력 포인트다. 그녀가 사랑하는 남자를 향해 달려오는 모습은 마치 "바로의 병거를 끄는 날랜 말" 같다(아 1:9). 이렇게 능동적, 적극적으로 자기 사랑을 추구하는 모습이 두 번째 매력 포인트다. 한밤중에 사랑하는 남자를 찾아 나서다 성읍을 순찰하는 야경꾼들과 성벽을 지키는 파수꾼들에게 봉변을 당하기도 하지만(아 5:7), 그런 힘듦이 그녀의 사랑을 멈추게 하지 못한다. "사랑은 죽음처럼 강한 것, 사랑의 시샘은 저승처럼 잔혹한 것, 사랑은 타오르는 불길, 아무도 못 끄는 거센 불길입니다"(아 8:6)라고 노래하며 "깃발을 앞세운 군대처럼

그림 4. 마르크 샤갈, 〈아가 IV〉(1958), 50×61cm, 캔버스에 유화, 국립 마크르 샤갈 박물관, 니스, 프랑스.

장엄"(아 6:10)하게 사랑을 이어 간다. 이쯤 되면 어째서 아가서가 유대인의 유월절 예배 때 즐겨 낭송되었는지 알 것도 같다. 이 여인처럼 굳세게, 열렬히 하나님을 사랑하고픈 바람을 담았으리라.

아가는 프랑스 화가 마르크 샤갈의 단골 주제였다. 러시아 제국의 유대인 게토에서 태어난 샤갈의 인생은 연인 벨라를 만나기 전과 후로 날카롭게 나뉜다. 디아스포라 유대인이 나치 시대를 통과하기란 엄청난 고난이었을 터다. 그럼에도 그의 그림에 사랑과 평화가 충일한 건 벨라 덕분이다. 〈도시 위에서〉(그림 3)와 〈아가 IV〉(그림 4)를 보라. 그녀와 함께라면 어디든 갈 수 있다는 기쁨에 찬 결의가 느껴지지 않는가? 현실은 무겁다. 땅의 중력을 이기기란 거의 불가능하다. 이 불가능을 가능으로 바꾸는 게 사랑이다. 사랑은 우리를 하늘로 날아오르게 한다. 그렇게 아가는 하나님이 보이지 않는 시간을 서로 사랑하면서 견디라고 위로한다. 슬픔과 절망의 늪에서 길을 잃지 않으려면 기어코 '환희의 인간'이 되지 않으면 안 된다.

교회 옆 미술관

구미정 지음

2024년 1월 5일 초판 1쇄 발행
2024년 2월 8일 초판 2쇄 발행

펴낸이 김도완
등록번호 제2021-000048호
(2017년 2월 1일)
전화 02-929-1732
전자우편 viator@homoviator.co.kr

펴낸곳 비아토르
주소 서울시 종로구 삼일대로 428, 500-26호
(우편번호 03140)
팩스 02-928-4229

편집 최은하
제작 제이오

디자인 임현주
인쇄 민언프린텍
제본 책공장

ISBN 979-11-91851-88-5 03230